풍수지리

(집과 마을)

글, 사진/김광언

대원사

김광언

서울대 사대 국어교육과와 문리대
고고인류학과를 거쳐 일본 동경대학
대학원 사회학 연구과(문화인류학
전공)를 졸업했다. 전북대 조교수와
국립민속박물관장을 역임했으며,
현재 인하대 교수 및 박물관장으로
있다. 저서로는 「한국의 농기구」
「정읍 김씨집」「한국의 옛집」「한국
의 민속놀이」「한국농기구고」(출판
문화상 저작상 수상)「한국의 주거민
속지」「민속놀이」 등이 있다.

빛깔있는 책들 101-26

풍수지리(집과 마을)

풍수지리(집과 마을)

앞글

풍수설의 역사나 이론에 관한 책은 더러 나왔으나 풍수설이 우리 생활에 구체적으로 어떤 영향을 끼쳤는지에 대해 설명한 것은 거의 없는 실정이다.

이 책에서는 우리네 집터나 마을터에 관련된 풍수의 유형과 지역적인 차이 그리고 우리가 풍수를 어떻게 받아들이고 이해해 왔는지 살펴보려고 한다.

풍수설에 대한 나의 관심은 엉뚱한 데에서 비롯되었다. 전국에 널려 있는 옛집을 찾아 집에 대한 생활 풍속을 조사하는 가운데 집터 풍수에 대한 자료도 한두 가지씩 모으게 되었다. 그 내용은 이미 낸 책(「한국의 주거민속지」 민음사, 1988)에 소개하였으나 그것은 곁다리로 얻어진 것이어서 매우 허술하였다. 나는 그 뒤로도 자료를 계속 모았고 현지에 가서 확인하는 작업도 벌여 왔다. 이 책의 내용은 그것을 정리한 것이다. 따라서 이 책에서는 풍수에 대한 이론보다 객관적 사실을 늘어놓는 데에 중점을 두었다.

실상 나는 풍수 자체의 이론에 대해서는 아는 것이 없다. 다만 풍수가 우리 생활 문화에 큰 자리를 차지해 온 만큼(앞으로도 그럴 것이다) 누구인가 구체적인 사례를 들어 설명해 두어야 한다고 생각해 왔을 뿐이다. 풍수에 대한 나의 관심은 오로지 집터와 마을터에 붙박혀 있었던 까닭에 이 책에서는 무덤 풍수를 다루지 않았다.

한 가지 강조해 두고 싶은 것이 있다. 1931년에 일본 사람(村山智順)이 낸 책 「조선의 풍수(朝鮮の風水)」는 이미 이 분야의 고전적 위치를 차지하였지만 현지 조사중 몇 가지를 확인해 본 결과 잘못된 부분이 적지 않았다. 그의 말대로 당시 행정 기관을 통해 자료를 모았기 때문이다. 따라서 이 책을 참고하는 사람들은 주의를 기울여야 할 것이다. 한편, 이 책을 뛰어넘는 저술이 지금까지 우리 손으로 이루어지지 못한 점은 부끄러운 일이기도 하다.

현지에 함께 가서 갖은 수고를 아끼지 않은 정연학 군과 자료 정리를 도운 안인숙 조교 그리고 뒷바라지에 정성을 쏟아 준 아내의 노고를 나는 쉽게 잊지 못할 것이다.

풍수(風水)란 무엇인가

풍수는 음양오행설을 바탕삼아 땅에 관한 이치(地理)를 설명하는 이론으로서 바람(風)은 기후와 풍토를, 물(水)은 물에 관한 모든 것을 가리킨다. 풍수의 기본 원리는 땅속에 살아 꿈틀대는 정기가 있으며 이것은 우리 몸 속의 피처럼 일정한 길을 따라 움직이는데 이를 타고난 사람은 복을 받아 부귀 영화를 누리고 이것이 뭉친 곳(穴)에 집을 지으면 가운이 뻗쳐서 대대로 번창하며, 도읍을 정하면 나라가 튼튼히 오래가고, 조상의 무덤을 쓰면 위대한 인물이 줄줄이 태어난다고 한다. 집터나 마을터, 도읍터, 무덤 자리의 좋고 나쁨이 인간의 길흉화복에 절대적인 영향을 끼친다는 것이다.

이 말을 처음 쓴 이는 중국 동진(東晋)의 곽박(郭璞;276~324년)이라고 한다. 그는 「장서(葬書)」에서 "죽은 이는 정기를 타야 한다. 이것은 바람을 만나면 흩어지고 물을 만나면 머문다. 따라서 바람과 물을 이용해서 정기를 얻는 방법이 풍수이다. 이를 위해서는 첫째, 물을 얻어야 하고(得水) 둘째, 바람을 가두어야 한다(藏風)"고 적었다. "죽은 이가 정기를 탄다"는 말은 땅속에 묻힌 사람은 정기를 더 많이 그리고 확실히 받으며 나아가 그 정기는 자손 대대로 이어진다는 것이다. 풍수에서 말하는 동기감응론(同氣感應論) 또는 친자감응론(親子感應論)이 그것이다.

풍수에서 물과 바람을 첫손에 꼽는 까닭은 무엇인가.

물은 인간에게 가장 귀중한 물질이고 생존 그 자체이기도 하다. 자연계에 있어서도 물은 필수적이다. 모든 초목은 물을 받아 자라고 모든 동물은 물로써 목을 축이며 목숨을 이어간다. 또 바람은 주거지 선정에 기본 요건이 된다. 우리나라는 대륙성 기후대에 자리한 까닭에 특히 겨울철 북극에서 휘몰아치는 얼음처럼 차갑고 매서운 서북풍이 사람은 물론 산천초목조차도 오그라들게 한다. 따라서 우리나라는 예부터 산을 등지고 물을 앞에 낀 이른바 배산임수(背山臨水)의 지형을 가장 이상적인 터전으로 여겨 왔다. 산을 등지면 병풍을 둘러친 것처럼 아늑하고, 물을 앞에 끼면 사람에게 좋은 것은 물론이고 들판의 곡식도 무럭무럭 자라기 때문이다.

풍수에서는 정기 넘치는 터를 찾는 방법으로 간룡법(看龍法), 장풍법(藏風法), 득수법(得水法), 정혈법(定穴法), 좌향론(坐向論), 형국론(形局論) 따위를 든다.

간룡의 용은 산 또는 산맥을 가리킨다. 산의 웅장한 모습과 산맥의 유장한 흐름은 용을 연상시키고도 남는다. 그리고 산맥은 곧 산에 감추어진 정기가 흘러다니는 통로로서 간룡은 그 좋고 나쁨을 가리는 법이다. 이 땅의 모든 산은 할애비산(太祖山)에서 갈라져 나왔으며 그 흐름이 깨끗하고 씩씩하며 의젓한 것을 으뜸으로 친다. 우리네 할애비산은 백두산이고 중국의 그것은 곤륜산이다.

천지의 정기는 바람을 따라 흘러들지만 이것을 타고 흩어지기도 한다. 따라서 모처럼 모여든 정기를 잡아 두려는 것이 장풍법이다. 이 때문에 바람을 막는다(防風) 하지 않고 바람을 가둔다(藏風)고 하는 것이다. 이를 위해서는 사방에 산〔사(砂)〕이 둘러 있는 것이 좋다. 이른바 뒤의 거북(玄武), 앞의 새(朱雀), 왼쪽의 용(青龍),

오른쪽의 범(白虎) 곧 사신사(四神砂)가 그것이다. 거북은 듬직한 모습이어야 하고 새는 춤추듯 너울거려야 좋으며, 용은 길게 뻗어서 앞으로 휘어들어야 하고 범은 웅크린 자세라야 길하다. 이 가운데 가장 중요한 것이 거북으로 이를 주산(主山)이라 일컫는다. 새를 뜻하는 산에는 조산(朝山)과 안산(案山)이 있다. 조산은 크고 높은 산이고, 안산은 주산과 조산 사이의 나지막한 봉우리이다. 안산이라는 말에는 주인과 나그네 사이의 책상이라는 뜻이 들어 있다. 거북과 새는 임금과 신하, 남편과 아내, 주인과 나그네로 여긴다. 그리고 용과 범은 좌우에 둘러서서 이들을 보호하는 임무를 맡는다.

득수(得水)는 물을 얻는 방법이다. 물의 흐름은 정기의 움직임을 연상시킨다. 또 땅속의 기운은 물줄기를 타고 옮겨 다닌다. 따라서 물이 있는 곳에는 반드시 정기가 있다고 믿는다. 중국 풍수책인 「수룡경(水龍經)」에도 "정기는 물의 어미요 물은 정기의 아들이다. 정기가 움직이면 물이 따르고 물이 머물면 정기도 멈춘다. 정기가 땅으로 넘쳐흐르는 것이 물이요 땅속으로 숨은 것이 정기"라고 적혀 있다. 혈 앞으로 흘러든 물은 깨끗할수록 좋으며 한동안 머물다가 천천히 빠져 나가야 한다. 풍수에서는 용을 양(陽), 범을 음(陰)으로 여기며 이에 따라 용을 끼고 흐르는 물은 양수, 범 쪽의 물은 음수라 이른다. 그리고 이 두 물이 만나 합치는 데가 수구(水口)로서 정기는 이곳에서 더욱 순화, 보강된다.

정혈(定穴)은 정기가 뭉쳐 있는 데를 찾아 내는 방법으로서 앞의 세 가지는 모두 이를 위한 전제에 지나지 않는다. 그 정기가 뭉친 곳을 정확하게 잡지 않으면 효과가 없으므로 정혈법이야말로 어렵고도 어려운 방법이다. 무덤 자리와 달리, 좋은 집터는 그 범위가 일개 면에 이를 정도로 넓어서 유능한 풍수가라 할지라도 마음의 눈이 여간 밝지 않고서는 그 자리를 집어 내기가 지극히 어렵다. 오늘날 혈을 찾지 못한 명당이 여러 곳에 남아 있는 것도 그 때문이

배산임수 마을 뒤에 산을 등지고 앞에 물을 거느린(背山臨水) 이상적인 터전에 자리한 마을의 전경이다. 전남 해남군 해남읍 연동. 1971년 촬영.

다. 사람들은 제여곰 자기 집터가 바로 그 혈이려니 스스로 위안을 삼고 살아갈 뿐이다. 정혈법에서는 침술사가 정확한 경락을 찾아 침을 꽂지 않으면 치료는커녕 사람이 죽기도 하는 것처럼 터럭 하나만큼의 잘못도 용인되지 않는다.

실상 풍수에서는 자리를 잘못 잡으면 오히려 해로운 일이 생긴다고도 한다. 좌향의 좌는 혈의 뒤를, 향은 앞을 바라보는 위치를 이른다. 다시 말하면 북으로 주산을 등지고 남으로 안산과 조산을 바라보는 자리로서 앞에서 든 배산임수의 터가 바로 그것이다. 이를 풍수에서는 24방위의 이름을 따서 자좌 오향이라 부르는데 집터로서도 이를 으뜸으로 친다. 남향받이에 집을 지으려면 3대를 이어 음덕을 쌓아야 한다는 말도 있다.

형국(形局)이라는 말은 산의 모양이나 물의 흐름 따위를 동식물이나 사람 또는 물질에 비겨 표현하는 방법이다. 따라서 풍수의 이론은 이 형국론에 의해서 비로소 구체적인 모습을 드러내는 것이다. 산모양이나 물 흐름이 깨끗하며 의젓하고 보기 좋은 데에서는 정기가 넘치지만 사납고 그늘지고 급한 곳에서는 나쁜 일이 일어나며 특정한 형국을 이룬 곳에서는 특정한 복이 뒤따른다고 한다.

풍수는 흔히 개인의 집터에 관한 양택(陽宅) 풍수와 마을이나 도읍터에 관한 양기(陽氣) 풍수 그리고 무덤 자리에 관한 음택(陰宅) 풍수의 세 가지로 나눈다. 이 세 가지의 기본 원리는 모두 같으며 다만 양기 풍수는 범위가 매우 넓은 데에 비해 음택 풍수는 혈이 뭉쳐 있는 좁은 땅을 이르는 것이 다르다. 이것은 논리라기보다 필연성이기도 하다. 도읍터에는 많은 사람이 모여들고 이에 따른 여러 가지 시설을 갖추어야 하므로 그만한 넓이가 확보되지 않으면 쓸모가 없는 것이다.

집터 풍수에 관한 기록은 「삼국유사」 '탈해왕조'에 처음 보인다. 어린 탈해(?~80년)가 두 종과 함께 토함산에 올라가 이레 동안이나 머물면서 성 안의 좋은 집터를 찾았다는 내용이 보인다. 그는 초승달 모양의 산봉우리를 발견하고 내려가 알아보았더니 호공(瓠公)의 집이었다. 집 곁에 숫돌과 숯을 몰래 묻어 놓고 주인을 만나 "이 집은 본디 우리 조상의 집이니 돌려 달라"고 하였다. 둘을 부른 관가에서 탈해에게 "증거를 대라"고 하자 "우리 조상은 대장장이였으니 땅을 파 보면 알 것"이라 대답하였다. 과연 숫돌과 숯이 나와서 탈해는 마침내 뜻을 이루었다는 내용이다. 탈해가 뒤에 임금(신라 제4대)이 된 것은 초승달터에 산 덕일 것이다. 초승달은 날마다 조금씩 커가기 때문이다.

「고려사」 권 28에도 집 짓는 일에 대한 구체적인 내용이 실려 있다. 충렬왕 3년 7월 조성도감(造成都監)에서 중국의 궁궐처럼 크고 높은 집을 지으려 하자 관후서(觀候署)에서 왕에게 이를 반대하는 의견을 내었다. 그 내용은 다음과 같다.

"삼가 「도선비기(道先秘記;신라 말의 도선 국사(827~898년)가 지었다는 풍수서로서 오늘날에는 전하지 않으나 고려시대에는 많은 지식인들이 이를 다투어 읽었고 국가의 중요 정책을 결정할 때에도 이론적 뒷받침으로 삼을 정도로 큰 영향을 끼쳤다)」를 살피건대 '산이 드물면 높은 집(高屋)을 짓고 산이 많으면 낮은 집(平屋)을 지어야 한다. 산이 많음은 양이고 적음은 음이며 높은 집은 양이고 낮은 집은 음이다. 우리나라는 산이 많아서 만일 높은 집을 지으면 반드시 쇠퇴할 것이라' 하였습니다. 태조 이래로 궁궐 안뿐 아니라 백성의 살림집도 높이 짓지 못하게 한 것도 이 때문입니다."

결국 다락집(層樓)과 높은 집을 지으려던 계획은 무산되고 말았다. 이로써 우리나라는 풍수적 관념에 따라 당시에 높은 집을 짓지 않았던 사실을 알 수 있거니와 이러한 전통은 조선조에까지 이어져서 이층 이상의 살림집을 짓지 않았다. 물론 낮은 집만을 지었던 것은 집을 주위의 자연에 어울리게 하려는 의도가 어느 정도 작용되었던 것도 사실이지만 그보다는 풍수적 관념이 더욱 뿌리 깊었기 때문으로 생각된다.

조선조 학자 가운데 집터에 대한 풍수론에 관심을 기울인 대표적인 사람은 홍만선(洪萬選;1643~1715년)으로 「산림경제(山林經濟)」 '복거조(卜居條)'에 집터나 집 짓는 일로부터 일상 생활에 이르기까지 여러 가지 풍수론을 펼쳐 놓았다. 다음에 집터에 관한 부분만을 뽑아 옮긴다.

집터는 동쪽이 높고 서쪽이 낮은 데가 제일 좋고 그 반대이면 부자는 못 되나 부귀를 누리며, 앞이 높고 뒤가 낮으면 집안이 망하고 뒤가 높고 앞이 낮으면 집짐승(牛馬)이 늘어난다. 또 사면이 높고 가운데가 낮으면 비록 부자일지라도 점점 가난해지므로 평평한 터가 가장 좋다.

집터가 남북이 길고 동서가 좁으면, 처음은 나쁘나 뒤에 잘 된다. 집의 동쪽에서 흐르는 물이 강과 바다로 들어가면 좋으나 동쪽에 큰 길이 있으면 가난하고 북쪽에 큰 길을 두면 나쁘며 남쪽에 큰 길이 있으면 영화를 누린다.

사람의 주거지는 땅이 윤기가 있고 기름지며 밝은(陽明) 곳이 좋고 건조하여 윤택하지 않은 곳은 나쁘다.

탑이나 무덤터, 절이나 사당터, 신사(神祠)나 사단(祀壇)터, 대장간이나 군영(軍營)터 그리고 전쟁터에는 살 곳이 못 되고 큰 성문 입구와 옥문(獄門)을 마주보는 곳은 역시 좋지 않으며 네 거리의 입구, 산등성이가 곧바로 흘러내린 곳, 흐르는 물과 맞닿은 곳, 여러 물(百川)이 모여서 나가는 곳, 초목이 나지 않는 곳은 나쁘다.

옛길(古路), 영단(靈壇)과 신사 앞, 불당 뒤, 논자리, 불을 땠던

곳은 모두 불길하다. 무릇 인가의 문전에 곡(哭)자의 머리 부분처럼 생긴 쌍못(雙池)이 있으면 좋지 않다. 서편에 있는 못을 범(白虎)이라 이르며 문 앞에 있는 못은 모두 꺼리는 것이다.

홍만선과 대조적으로 마을터에 대해 많은 관심을 기울인 이는 이중환(李重煥;1690~1752년)이다. 그는 전라도와 평안도를 제외한 우리나라 전지역을 답사한 끝에 인심, 풍속, 산천, 물화(物貨)의 생산과 교류 등을 살피고 사람이 살기 좋은 터가 어디인가를 알아내는 일에 열중하여 결과를 정리한 것이 「택리지(擇里志)」이다.

그는 이 책 후편의 '복거총론(卜居總論)'에서 '살 만한 곳'과 '살지 못할 곳'의 지명을 들어 설명하였다. 살기 좋은 마을의 조건으로 첫째 지리, 둘째 생리(生利), 셋째 인심, 넷째 산수를 들고 이 가운데 하나라도 빠지면 좋은 곳이 아니라면서 수구(水口), 들모양(野勢), 산 생김새(山形), 흙빛(土色), 물(水利), 조산(朝山) 따위를 들어 대체로 다음과 같은 설명을 붙였다.

첫째, 물줄기가 모여 흘러나가는 어귀(水口)는 꼭 닫힌 듯하고 그 안에 들(野)이 있어야 재산이 흩어지지 않고 후손에 이어진다. 들에 물이 거슬러 흘러서 들과 집터를 막아 주어야 하며 물줄기가 여러 겹을 이룰수록 좋다.

둘째, 들은 해와 달과 별이 항상 환하게 비취고 바람과 비가 고르며 기후가 알맞고 넓은 데가 좋다. 이러한 곳이라야 인물이 많이 나고 병 또한 적다.

셋째, 산모양은 깨끗하고 아담하며 무엇보다 산맥이 끊어지지 않아야 한다. 산이 비뚤거나 부서진 형상을 이룬 곳은 불길하다.

넷째, 흙은 굳고 단단한 모래흙(砂土)이 좋으며 이러한 곳의 물이라야 달고 차다.

충북 보은 선씨 집 솟을대문채와 조산 조산이 집을 감싸듯 지켜서 있다. 1981년 촬영.

다섯째, 물이 있어야 사람이 살며 정기(精氣)도 모여든다. 큰 물가에 부유한 집과 큰 마을이 많은 것도 물이 재화를 상징하기 때문이다.

여섯째, 산은 사람이 한번 보아 맑고 깨끗함을 느낄 수 있어야 하며 작은 시내는 꾸불꾸불 길게 거슬러 흘러들어야 좋다.

그의 이러한 주장은 풍수적인 관점에서 출발하였으나 인간의 생산 활동과 교환 체계를 역설한 점에서 실학자다운 면모가 엿보인다고 하겠다.

풍수설의 흐름

풍수설의 본고장은 중국으로서 전국시대 말기(기원전 4, 5세기)에 싹트기 시작하였다. 당시는 한치의 앞을 내다볼 수 없을 정도의 혼란기였던 만큼 개인의 운명이나 국가의 흥망 성쇠를 논리적으로 설명할 가치 체계가 절실히 요구되었다.

이와 같은 시대적 요구는 한나라 청오자(青烏子)가 쓴 「청오경(青烏經)」이 나와서 어느 정도 이루어진 셈이다. 저자의 이름대로 「청오경」이라고도 불리는 이 책은 그 뒤에 나온 모든 풍수책의 바탕이 되었다. 그리고 그의 이론을 더욱 체계화한 이는 동진의 곽박이다. 그가 지은 「장서(葬書, 錦囊經이라고도 한다)」는 당시의 음양오행설과 도참설 그리고 도교 사상 등을 참고, 종합한 것으로서 풍수설의 이론적 체계는 이때 이루어진 셈이다.

시대가 흐르면서 더욱 많은 사람의 관심을 끌던 풍수설은 당대(618~907년)에 극성기를 맞았다. 도교를 숭상하던 당 왕실은 이와 관련이 깊은 풍수설을 신봉하게 되었으며 이에 따라 많은 풍수가들이 나타난 것이다.

이제까지의 많은 학자들은 우리나라의 풍수설이 당나라로부터 들어왔다고 하였으나 어떤 이들은 우리에게서 스스로 생겨난 것이라는 주장을 편다. 풍수적인 생각은 본디부터 우리에게도 있었으며 다만 신라와 당과의 활발한 문화 교류에 따라 더욱 발전하였다는 것이다. 그들은 사람이 살아갈 터를 잡거나 나라가 국도를 정할 때 산과 물과 방위 따위를 중요시한 것은 당연한 사실이고, 단군이 신시(神市)를 선정하고 왕검이 부도(符都)를 건설한 신화를 비롯하여 백제 온조왕이 서울에 자리를 잡고 고구려 유리왕이 도읍을 위나성으로 옮긴 사실 등을 그 증거로 든다.

풍수설은 삼국시대 초기에 이미 널리 퍼져 있었다. 앞에서 든 「삼국유사」의 내용이 그 증거이다.

우리나라 풍수의 할아버지로는 신라 말(9세기말)의 도선(道詵; 827~898년)을 꼽는다. 그는 846년 선종의 한줄기인 동리산(桐裏山)파를 처음 연 혜철(惠徹;784~861년)에게서 무설설(無說說), 무법법(無法法)의 법문(法文)을 듣고 오묘한 이치를 깨달은 뒤 수도를 거듭한 끝에 승려로서보다는 풍수설의 대가로서 널리 알려졌다. 당시는 신라 말기로서 일반에는 노장 사상(老壯思想)이 유행하였고 화엄종에 싫증을 느낀 승려들은 선종에 관심을 기울이고 있었던 때이다.

선종은 불경을 위주로 하는 화엄종과 달리 누구든지 깊이 생각하여 도를 깨치면 불성을 지니게 된다는 가르침이어서 민중으로부터도 큰 환영을 받았다. 그리고 선종과 풍수는 수행 방법이 비슷하고 직관을 우선하는 점에서 비슷한 점이 많았기 때문에 그의 풍수설은 많은 사람의 관심을 끌었다. 그가 남긴 「비기(秘記)」는 풍수 사상 최고의 고전이 되었고 고려시대에는 집터나 절간 또는 왕궁터를 선정하는 기준으로 삼기도 하였다. 한편 875년에 그가 "2년 뒤 반드시 고귀한 인물이 출생할 것"이라고 한 예언대로 태조가 태어났다 하여 고려 왕들은 그를 존경, 신봉하기에 이르렀다.

고려 태조는 그가 남긴 훈요십조(訓要十條) 가운데 1, 2, 5, 8조의 내용을 풍수적 설명으로 삼을 만큼 깊이 빠져들었다. 그는 제5훈에서 자기가 통일 대업을 이룬 것은 삼한(三韓) 지역의 산천이 도왔기 때문이라고 강조하고 서경(西京)의 지세를 극찬하였으며, 제2훈에서는 도선이 지정하지 않은 땅에 함부로 절을 짓지 말라고 경계하고, 제8훈에서는 차령(車嶺) 이남의 지세는 반역형이므로 후백제 사람은 등용하지 말라고 당부하였던 것이다.

1127년 묘청(妙淸) 등이 서경 천도를 외치며 난을 일으킨 것도 그 뿌리는 이러한 데에 있었다. 고려조에서는 서경뿐 아니라 남경(서울)에도 지속적인 관심을 기울였다. 개국 160년이 지나면 도읍을 남경으로 옮겨야 한다는 도선의 「비기」에 따라 이곳에 궁궐을 지으려 하였으며 우왕과 공민왕 때는 잠시나마 국도를 옮긴 적도 있다.

고려조에서는 초기부터 묘자리 풍수도 널리 퍼져 있었다. 「고려사」 열전(列傳)에는 태조의 아들인 동시에 현종(顯宗)의 아버지였던 안종(安宗) 욱(郁)이 자기가 죽은 뒤에 쓸 묘자리를 미리 정해 두었다는 기록이 있는데 이것은 현종이 뒤에 임금 자리에 오른 것도 무덤을 잘 쓴 결과라는 것을 말한다.

고려 왕조에서는 풍수 전문가라고 할 지리 박사, 지리생(地理生) 따위의 관직을 두었으나 이 시대의 중요 풍수가의 대부분은 승려 출신들이었다.

풍수설은 조선조에 들어와 더욱 굳게 신봉되었으며 이의 폐단도 한두 가지가 아니었다. 태조 이성계가 처음 송도에서 한양으로 천도를 작정하였다가 계룡산으로 바꾸고 이미 시작하였던 궁궐 공사까지 중도 파기(破棄), 결국 무학대사의 의견을 좇아 한양으로 옮기게 된 우여곡절 따위가 그 가운데 하나이다. 또 관악산의 화기(火氣)를 꺾으려고 남대문의 현판을 세워 걸었으며 대궐 정문인 광화문

도선 국사의 화상 선종과 풍수는 수행방법이 비슷하고 직관을 우선하는 점에서 비슷한 점이 많았기 때문에 도선 국사의 풍수설은 신라 말 많은 사람의 관심을 끌었다.

도선 국사 신도비 현재 전남 영암군 도갑사에 보존되어 있다.

동대문 도성의 허술한 동쪽을 도우려고 "흥인지문(興仁之門)"의 넉 자를 쓴 현판을 걸었다. 또한 앞에 옹성을 쌓았기 때문에 문이 보이지 않는다.

(光化門) 앞에 해태상을 놓았고 허술한 동쪽을 도우려고 동대문의 현판을 '흥인지문(興仁之門)'의 넉 자로 하고 앞에는 옹성을 쌓기도 하였다.

조선조에서는 특히 무덤 풍수가 왕가나 상류 계층은 물론 일반에까지 크게 유행하였다. 그것은 한 가족이나 가문을 단위로 하는 유교적 생활 관습이 무덤 풍수와 직접적으로 연관되었기 때문이다. 자신은 물론 자신의 후손 그리고 가문의 영달을 위해서 이른바 명국(名局)을 찾아 내려고 가산을 탕진하고 세도를 이용하여 남의 산을 빼앗거나 심지어 이미 죽은 이의 묘를 파내어 자기 조상의

광화문 앞의 해태상

유해를 이장하는 따위의 작폐가 끊이지 않았으며, 이로 인하여 한 뿌리에서 비롯한 두 문중이 대를 물려가며 다툼을 계속하는 경우도 드물지 않았다. 이의 대표적인 본보기가 경북 경주군 강동면의 여강(驪江) 이씨네와 월성(月城) 손씨네 사이의 불화라고 하겠다.

조선조에서는 풍수지리를 전문으로 하는 음양과(陰陽科)를 직제에 두고 이의 시험 과목으로 「청오경」「금낭경」「호순신(胡舜申)」「명산론(名山論)」 따위를 부과하였다.

집터와 마을터 풍수

전국의 형국(形局)

풍수에서는 정기 가득한 좋은 땅을 사람, 동물, 물질, 식물, 문자 따위에 비겨서 설명하는데 이를 형국이라 이른다. 이와 같은 형국론은 산천의 겉모양과 그 안의 정기는 서로 통한다는 전제에서 출발하며 보거나 잡을 수 없는 정기를 구체적인 형상에 비겨 표현한 것이 형국이다. 이것은 일반인의 풍수 이해에 큰 도움이 될 뿐 아니라 전문가가 자기의 이론을 설명하는 구체적 방편으로도 이용된다.

다음 표1과 2는 한글학회에서 펴낸 「한국지명총람」(전 20권, 1984년 완간)과 문화재관리국 문화재연구소에서 낸 「한국민속종합조사보고서」(21책;도읍, 신앙, 생활 풍수편, 1990년) 그리고 몇 권의 연구서와 나의 현지 조사 결과를 종합한 내용이다. 이 표에서는 집터와 마을터에 관한 형국만 다루었으며 무덤 형국은 싣지 않았다. 표1은 2회 이상 나타난 것으로서 횟수항의 숫자는 빈도를 나타낸다. 표2는 단 한 번씩 등장한 것이다.

1931년에 일본 사람(村山智順)이 펴낸 「조선의 풍수(朝鮮の風

水)」에도 약 175개의 형국이 소개되었으나 이것은 각도에서 5, 6개의 군(郡)을 뽑아 현지 경찰서장의 힘을 빌어 조사한 것이어서 참고로 삼지 않았다. 경기도와 충청도 그리고 강원도의 내용을 내가 현지에 가서 확인해 보았던 바 강화도의 게등형(蟹背形)이 괘등형(掛燈形)으로 뒤바뀌는 등 잘못 소개된 것이 많고 지명이 틀린 곳 또한 적지 않았기 때문이다.

「한국지명총람」의 경우도 조사 담당자에 따라 들쭉날쭉이었다. 가령 경기도와 경상북도는 다른 곳보다 지나치게 적은 것으로 나타났는데 이것은 글을 쓴 이가 불필요하다고 여겨서 상세히 다루지 않은 결과로 생각된다. 전국적으로 널리 알려진 안동 하회마을의 물에 뜬 연꽃형(蓮花浮水形)조차 올라 있지 않은 것이 그 좋은 보기이다. 이러한 문제점들은 앞으로 고쳐 나가야 할 것이다. 읽는 이의 이해를 돕기 위해 형국 이름을 우리말로 풀어쓰고 본디 이름은 묶음표 안에 넣었다. 각 형국은 많은 것부터 실었다. 북한 지방은 풍수 내용을 조사할 수 없어 여기에 싣지 못한 것이 매우 아쉬운 일이다.

표 1

번호	형 국	횟수
1	누운 소형(臥牛形)	153
2	물 마시는 말형(渴馬飮水形)	108
3	매화 떨어진 터(梅花落地形)	97
4	알품은 금닭형(金鷄抱卵形)	89
5	반달형(半月形)	78
6	마주 앉은 장군형(將軍對坐形)	78
7	거문고 타는 옥녀형(玉女彈琴形)	75
8	배형(行舟形)	72
9	비단 짜는 옥녀형(玉女織錦形)	58
10	달 바라보는 토끼형(玉兔望月形)	47
11	엎드린 범형(伏虎形)	46
12	머리 푼 옥녀형(玉女散髮形)	45
13	엎드린 꿩형(伏雉形)	43

번호	형 국	횟수
14	물에 뜬 연꽃형(蓮花浮水形)	40
15	물에 이른 연꽃형(蓮花到水形)	38
16	버드나무 가지의 앵무새 둥지형(鶯巢柳枝形)	33
17	등잔형(掛燈形)	32
18	제비 둥지형(燕巢形)	28
19	기러기 앉은 너른 들형(平沙落雁形)	26
20	나는 학형(飛鶴形)	26
21	금소반형(金盤形)	25
22	춤추는 신선형(仙人舞神形)	24
23	지네형(蜈蚣形)	24
24	하늘에 오르는 용형(飛龍登天形)	24
25	구름에 가린 반달형(雲中半月形)	23
26	꼬리 돌아보는 용형(回龍顧尾形)	23
27	누운 용형(臥龍形)	22
28	나는 기러기형(飛雁形)	22
29	여의주 다투는 다섯 용형(五龍爭珠形)	22
30	여의주 다투는 아홉 용형(九龍爭珠形)	21
31	구유형	221
32	나는 봉형(飛鳳形)	20
33	엎드린 개형(伏狗形)	16
34	누운 개형(臥狗形)	16
35	책읽는 신선형(仙人讀書形)	16
36	금거북형(金龜沒泥形)	15
37	알품은 봉형(飛鳳抱卵形)	15
38	벽에 걸린 옥등형(玉燈掛壁形)	15
39	용머리형(龍頭形)	13
40	밭에 든 쥐형(老鼠下田形)	13
41	둥지에 든 봉형(鳳歸巢形)	13
42	똬리 튼 용형(盤龍形)	12
43	돼지형	10
44	까치 둥지형(鵲巢形)	10
45	숲에서 나오는 범형(猛虎出林形)	9
46	나는 새형(飛鳥形)	9
47	바람에 날리는 비단 띠형(風吹羅帶形)	9
48	예불하는 중형(老僧禮佛形)	9
49	비 뿌리는 용형(雲龍吐雨形)	9
50	엎드린 거북형(伏龜形)	9
51	나라 받드는 군신형(君臣奉朝形)	9
52	개구리 쫓는 뱀형(生蛇追蛙形)	9

번호	형　국	횟수
53	게형(蟹形)	9
54	가마솥형	8
55	금소반의 옥잔형(金盤玉杯形)	8
56	조리형	8
57	솔개형(鷲形)	8
58	봉 둥지형(鳳巢形)	8
59	단정히 앉은 옥녀형(玉女端坐形)	8
60	복숭아꽃 떨어진 터(桃花落地形)	7
61	바람을 가르는 말형(天馬嘶風形)	7
62	풀무형	7
63	가재형	6
64	닭 둥두리형(鷄巢形)	6
65	꽃술형(花心形)	6
66	칼형(寶劍形)	6
67	똬리 튼 뱀형(蛇蟠形)	6
68	야자형(也字形)	6
69	달리는 말형(走馬奪鞍形)	6
70	배를 등에 진 용형(黃龍負舟形)	6
71	물 마시는 용형(渴龍飮水形)	5
72	우는 닭형(鷄鳴形)	5
73	엎드린 용형(伏龍形)	5
74	용꼬리형(龍尾形)	5
75	물 건너는 소형(黃牛渡江形)	4
76	칡꽃 떨어진 터(葛花落地形)	4
77	금소반의 옥병형(金盤玉壺形)	4
78	모란 꽃술형(牧丹花心形)	4
79	배꽃 떨어진 터(梨花落地形)	4
80	자라형	4
81	매어 놓은 배형(繫舟形)	3
82	누에머리형(蠶頭形)	3
83	갈대 물고 나는 기러기형(飛雁含蘆形)	3
84	구름 속의 신선형(雲中仙坐形)	3
85	금소반 든 옥녀형(玉女金盤形)	3
86	춤추는 옥녀형(玉女舞裳形)	3
87	춤추는 중형(僧舞形)	3
88	엎어 놓은 종형(伏鐘形)	3
89	금비녀형(金釵形)	3
90	엎어 놓은 솥형(伏釜形)	3
91	엎드린 소형(伏牛形)	3

번호	형 국	횟수
92	알품은 학형(白鶴抱卵形)	3
93	붓형	3
94	나는 나비형(飛蝶形)	3
95	바둑 두는 신선형(仙人觀碁形)	3
96	범꼬리형(虎尾形)	2
97	둥지에 든 학형(黃鶴歸巢形)	2
98	물 마시는 사슴형(渴鹿飮水形)	2
99	물 마시는 소형(渴牛飮水形)	2
100	북치며 춤추는 터(擊鼓舞地形)	2
101	살구꽃 떨어진 터(杏花落地形)	2
102	거미형	2
103	물에 뜬 칡꽃형(葛花浮水形)	2
104	모이 먹는 닭형	2
105	활짝 핀 매화형(梅花滿發形)	2
106	꽃찾는 벌형(飛蜂探花形)	2
107	나는 거위형(飛鵝形)	2
108	숲에 잠든 새형(宿鳥投林形)	2
109	시루형	2
110	머리 든 두 용형(雙龍擧頭形)	2
111	물에 이른 버들형(楊柳到水形)	2
112	구유에 든 말형(良馬入廐形)	2
113	버들꽃 떨어진 터(楊花落地形)	2
114	노는 물고기형(漁良遊水形)	2
115	달보고 짖는 개형(仙狗哭月形)	2
116	구름에 노는 신선형(仙人雲遊形)	2
117	피리 부는 신선형(仙人吹笛形)	2
118	나는 비둘기형(飛鳩形)	2
119	똬리 튼 용 여의주 문 형(盤龍弄珠形)	2
120	노루형	2
121	내자형(乃字形)	2
122	뱀머리형(巳頭形)	2
123	하늘 보는 사자형(獅子仰天形)	2
124	그물 드리운 어부형(漁翁散網形)	2
125	반쯤 핀 연꽃형(蓮花半開形)	2
126	숲에서 나오는 뱀형(黃巳出林形)	2
127	황새형	2
128	어미 돌아보는 송아지형(雉犢顧母形)	2
129	필통형(筆筒形)	2
130	누운 양형(臥羊形)	2

번호	형 국	횟수
131	어미 돌아보는 어린 노루형(幼獐顧母形)	2
132	파도 타는 용형(潛龍弄波形)	2
133	구름에서 나오는 용형(青龍出雲形)	2
134	달보고 짖는 삽살개형(黃尨吠月形)	2
135	물에서 나오는 용형(黃龍出水形)	2

표 2

번호	형국	번호	형국
1	물 마시는 양형(渴羊飲水形)	30	소탄 신선형(老仙騎牛形)
2	물 마시는 소형(渴牛飲水形)	31	둥지에 든 학형(老鶴歸巢形)
3	물 마시는 곰형(渴熊飲水形)	32	편지 문 봉형(丹鳳含書形)
4	물 마시는 노루형(渴獐飲水形)	33	엎드린 말형(伏馬形)
5	물 마시는 게형(渴蟹飲水形)	34	용이 된 말형(馬化爲龍形)
6	까마귀형	35	갑옷 입은 형(萬甲裳身形)
7	고양이형	36	굴레 벗은 말형
8	거북머리형(龜頭形)	37	춤추는 아이형(舞童形)
9	아홉 마리 용과 뱀형(九龍九巳形)	38	춤추는 제비형(舞燕形)
10	거북꼬리형(龜尾形)	39	춤추는 봉형(舞鳳形)
11	개젖통형(狗乳囊形)	40	춤추는 학형(舞鶴形)
12	벽에 걸린 금말형(金斗掛壁形)	41	물레형
13	금띠형(金帶形)	42	띠매고 엎드린 게형(博帶伏蟹形)
14	방에서 피리 부는 형(金房吹笛形)	43	밭에 내린 백로형(白鷺下田形)
15	금소반의 연잎형(金盤荷葉形)	44	구름에 가린 반달형(白雲半月形)
16	알품은 봉형(金鳳抱卵形)	45	소나무에 깃든 학형(白鶴捿松形)
17	못에 엎드린 뱀형(金巳伏池形)	46	나는 쌍학형(白鶴雙飛形)
18	비단 마르는 옥자형(金羅玉尺形)	47	흰 범형(白虎形)
19	달보는 개구리형(金蛙望月形)	48	엎드린 새우형(伏鰕形)
20	벽에 걸린 금비녀형(金簪掛壁形)	49	아침에 우는 봉형(鳳鳴朝陽形)
21	금비녀 떨어진 터(金簪落地形)	50	봉꼬리형(鳳尾形)
22	새앉은 터(金鳥落地形)	51	열매 먹는 봉형
23	하늘 보는 학형(金鶴望天形)	52	물에 뜬 거북형(浮龜形)
24	알품은 학형(金鶴抱卵形)	53	새부리형
25	금가락지터(金環落地形)	54	부용꽃형(芙蓉花形)
26	기린형	55	물에서 나오는 용형(飛龍出水形)
27	나귀형	56	숲에서 잠든 봉형(飛鳳投林形)
28	꽃에 노는 벌형(老蜂弄花形)	57	나는 누애나비형(飛蛾附壁形)
29	노래하는 쥐형(老鼠食唱形)	58	나무 쪼는 새형(飛鳥啄本形)

번호	형국	번호	형국
59	숲에 깃든 새형(飛鳥投林形)	98	밭에 내린 말형(躍馬下田形)
60	나는 말의 굽형(飛天馬蹄形)	99	용눈형(龍眼形)
61	비파형	100	쇠꼬리형(牛尾形)
62	밭에 내린 학형(飛鶴下田形)	101	춤추는 소형(牛舞形)
63	사슴형	102	구름에 잠긴 달형(雲中沈月形)
64	세 마리 학형(三鶴形)	103	나는 두 마리 원앙형(鴛鴦雙飛形)
65	달보는 코뿔소형(犀牛望月形)	104	물에 노는 물고기형(遊魚弄波形)
66	하늘에 오른 선녀형(仙女登空形)	105	알낳는 물고기형(遊魚産卵形)
67	소반 든 선녀형(仙女奉盤形)	106	여의주 농하는 어린 용형(幼龍弄珠形)
68	거문고 타는 선녀형(仙女彈琴形)	107	여의주 다투는 여섯 용형(六龍爭珠形)
69	꽃따는 아이형(仙童採花形)	108	피어나는 작약형(芍藥未發形)
70	띠맨 선인형(仙人帶形)	109	게등형(蟹背形)
71	들에 노니는 선인형(仙人野遊形)	110	게눈형(蟹眼形)
72	술취해 누운 선인형(仙人醉臥形)	111	칼찬 장군형
73	거문고 타는 선인형(仙人彈琴形)	112	앉은 코끼리형(坐象形)
74	여의주 다투는 두 용형(雙龍弄珠形)	113	앉은 매형(坐鷹形)
75	두 마리 학형(雙鶴形)	114	줄친 거미형(蜘蛛結網形)
76	물고기눈형(魚眼形)	115	옥소반의 진주형(眞珠玉盤形)
77	물고기형(魚形)	116	북 떨어진 터(天鼓落地形)
78	물에 이른 연잎형(蓮葉到水形)	117	갈대 물은 매형(川鴈含蘆形)
79	닭볏형	118	알품은 새형(青鳥抱卵形)
80	연적형(硯滴形)	119	풀숲의 뱀형(草中反蛇形)
81	연꽃의 벌과 나비형(蓮花蜂蝶形)	120	코끼리형
82	이슬 머금은 연꽃형(蓮花含露形)	121	여덟 마리 학형(八鶴形)
83	염주형(念珠形)	122	범대가리형(虎頭形)
84	오동나무에 깃든 봉형(梧桐鳳棲形)	123	상 위의 복숭아꽃형(紅桃落盤形)
85	달밤의 오동나무형(梧桐齊月形)	124	복숭아꽃 떨어진 터(紅桃落地形)
86	다섯 마리 용형(五龍形)	125	피어나는 국화형(黃菊半開形)
97	거문고 타는 손형(五指彈琴形)	126	물 건너는 용형(黃龍渡河形)
88	옥녀개화형(玉女開花形)	127	알품은 학형(黃鶴抱卵形)
89	옥녀족집게형	128	물자형(勿字形)
90	세상에 온 옥녀형(玉女下降形)	129	용자형(用字形)
91	잔 올리는 옥녀형(玉女獻杯形)	130	일자형(日字形)
92	옥자형(玉尺形)	131	품자형(品字形)
93	여의주 농하는 용형(臥龍弄珠形)		
94	물 건너는 용형(臥龍渡江形)		
95	누운 사람형(臥人形)		
96	누운 범형(臥虎形)		
97	달 아래 펼친 비단형(浣紗明月形)		

형국에 따른 비율

표1과 2에 실린 형국은 모두 266개이다. 이를 동물형, 물질형, 인물형, 문자형의 네 종류로 묶은 결과 동물형이 163개(61.27%)로 가장 많으며 물질형 38개(14.28%), 인물형 36개(13.53%), 식물형 23개(8.64%), 문자형 6개(2.25%)의 차례가 된다.

도표 1은 이를 그림으로 나타낸 것이다.

앞의 266개의 형국에 관련된 마을터나 집터는 모두 2,146개소이다. 앞의 5개 유형이 차지하는 비율은 동물형이 1,198개소(55.9%)로서 반 이상을 차지하며 인물형이 360개소(16.8%), 물질형이 355개소(16.6%), 식물형이 221개소(10.3%), 문자형 12개소(0.6%)로서, 도표 1과 견주면 물질형과 인물형의 자리가 바뀌었을 뿐 전체적인 비율은 비슷하다. 따라서 각 유형이 차지하는 비율과 이것과 관련된 마을과 집터의 형국은 큰 차이가 없음을 알 수 있다.

도표 2는 266개의 유형 가운데 어떤 것이 어느 만큼의 관련을 맺고 있는가를 알아본 것이다. 5회 이상의 것만을 대상으로 삼았다. 그 숫자는 다음과 같다. 용 28회(10.52%), 학 15회(5.63%), 옥녀 13회(4.88%), 봉 12회(4.51%), 신선 11회(4.13%), 소 9회(3.38%), 말 8회(3.00%).

이 밖에 뱀, 게, 범, 거북이 각 6회, 연꽃과 개가 각 5회씩이다.

용은 비를 뿌려 주는 농신(農神)으로 섬기며 학이나 봉은 상서로운 새로 여기고, 옥녀나 신선은 천상(天上)의 인물로 기리며 소, 말, 개 등은 집짐승으로서 우리와 매우 가까운 존재이다. 따라서 풍수의 형국은 우리네 생활 감정과 매우 밀접한 관계를 맺고 있는 셈이다.

도표 3은 모두 2,146개소의 마을 또는 집터와 관련된 구체적 대상을 나타낸 것으로 50회 이상 나온 것만 뽑았다. 기러기 다음으

도표 1.

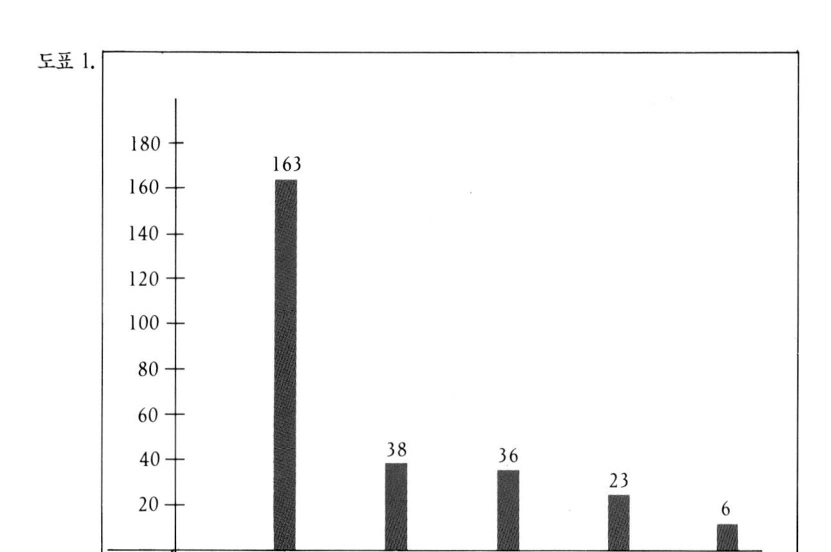

180
160
140
120
100
80
60
40
20
163
38
36
23
6
수
형국
동물형
물질형
인물형
식물형
문자형

도표 2.

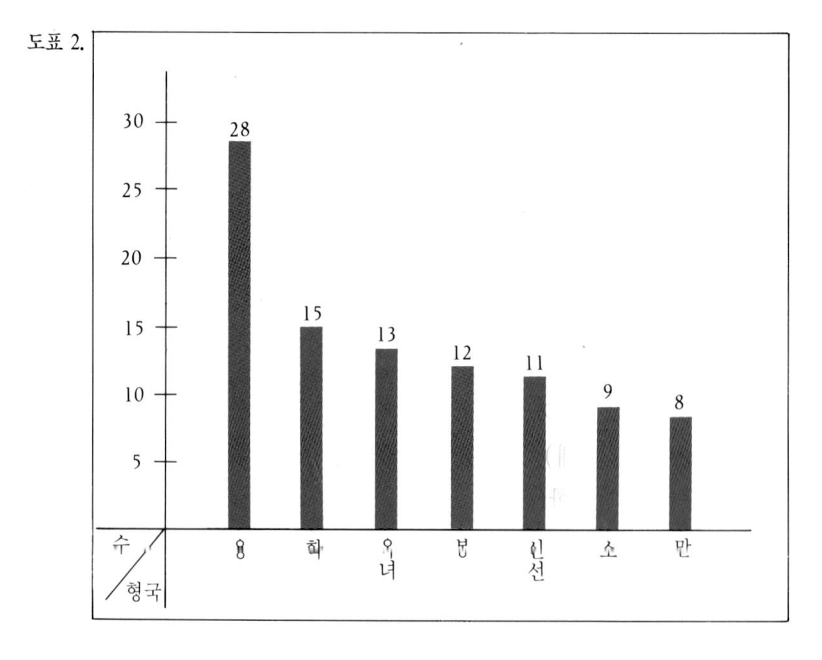

30
25
20
15
10
5
28
15
13
12
11
9
8
수
형국
용
학
옥녀
봉
신선
소
만

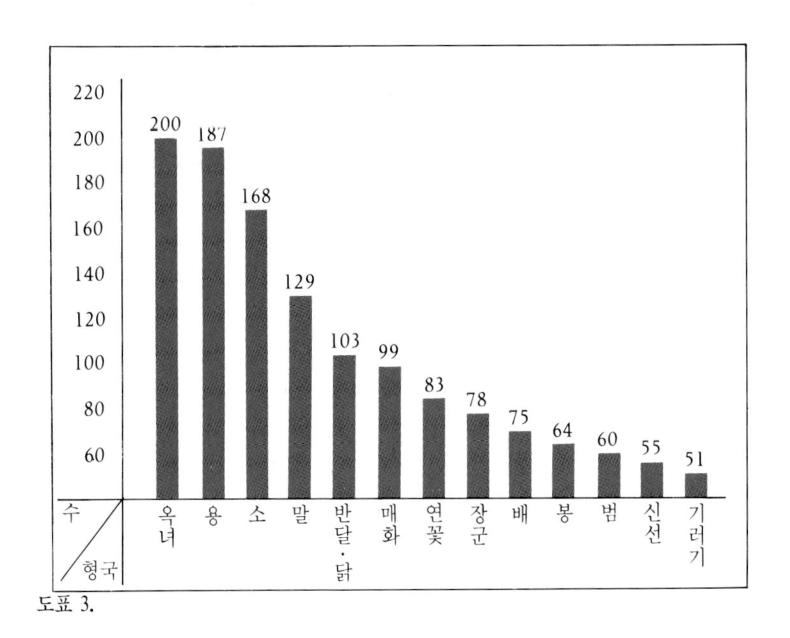

도표 3.

로는 토끼(47회), 꿩(43회), 학(42회), 개(37회), 앵무새(33회), 제비(29회), 거북(27회), 지네(24회), 뱀(21회) 등이 이어진다.

옥녀형(200회)이 가장 많은 데다가 이에 신선형(55회)을 더하면 인물형의 수가 255개소에 이른다. 이것은 우리가 천상의 인물이 복을 가져다 주리라는 기대에 부풀어 있음을 알려 주는 내용이라고 하겠다. 그 다음으로 동물형, 인물형, 물질형, 식물형 그리고 문자형 가운데 각 유형이 차지하는 비율을 살펴본다.

1,198개의 동물형 가운데 용(187개)이 으뜸가며 소(168개), 말(129개), 닭(103개), 봉(64개), 범(60개), 기러기(51개), 토끼(47개), 꿩(43개), 학(42개), 개(37개), 앵무새(33개), 제비(29개), 거북(27개), 지네(24개), 뱀(21개), 새(16개), 쥐(14개), 게(13개), 돼지와 까치(각 10개), 들개(8개), 가재와 물고기(각 6개),

노루(5개) 등의 순으로 이어진다.

인물형의 경우 총 355개 가운데 옥녀가 200개로 반 이상(55.6%)을 차지하며 장군 78개(21.7%), 신선 55개(15.3%)에 이어 중 12개, 군신 9개, 아이 2개, 기타가 된다.

물질형은 모두 355개로서 반달 103개(29.0%), 배 75개(21.1%), 등잔 47개(13.3%), 금소반 39개(11.0%), 구유 21개(6.0%) 솥과 띠(각 11개), 조리(8개), 풀무(7개), 칼(6개), 금비녀(5개)의 차례이다.

식물형의 경우 총 221개 가운데 매화(99개, 44.79%)와 연꽃(83개, 37.55%)이 압도적으로 많아서 82.34퍼센트에 이른다. 이밖에 복숭아(9개), 칡(6개), 모란, 배, 버들이 각 4개 그리고 살구(2개)로 이어진다.

문자류는 12개 가운데 야자형(也字形)이 절반이며 내자(乃字)가 2개, 물(勿), 용(用), 일(日), 품(品)자가 각 1개씩이다.

지역적 차이

도표 4는 앞에서 설명한 2,146개의 집터나 마을터를 각 도별로 집계한 것이다. 이에 따르면 전북(35.0%), 전남(19.2%), 충남(15.7%), 경북(9.0%), 충북(7%), 강원, 경기, 제주의 순으로서 전북의 비율이 앞도적으로 높으며 두번째인 전남보다 두 배에 가깝다.

이를 다시 호남, 영남, 충청의 세 권역으로 묶으면 호남 지방이 절반이 넘으며(54.2%), 충청(22.7%)과 영남(14.9%)의 순으로 이어진다.

풍수설이 호남 지방에 크게 번진 것은 근래의 일이 아니며 조선시

도표 4

지역	경기	강원	충북	충남	경북	경남	전북	전남	제주	서울	기타	계
횟수	61	77	150	337	190	127	750	412	30	3	9	2,146
(%)	2.9	3.6	7	15.7	8.9	6	35	19.2	1.4	0.1	0.4	100%

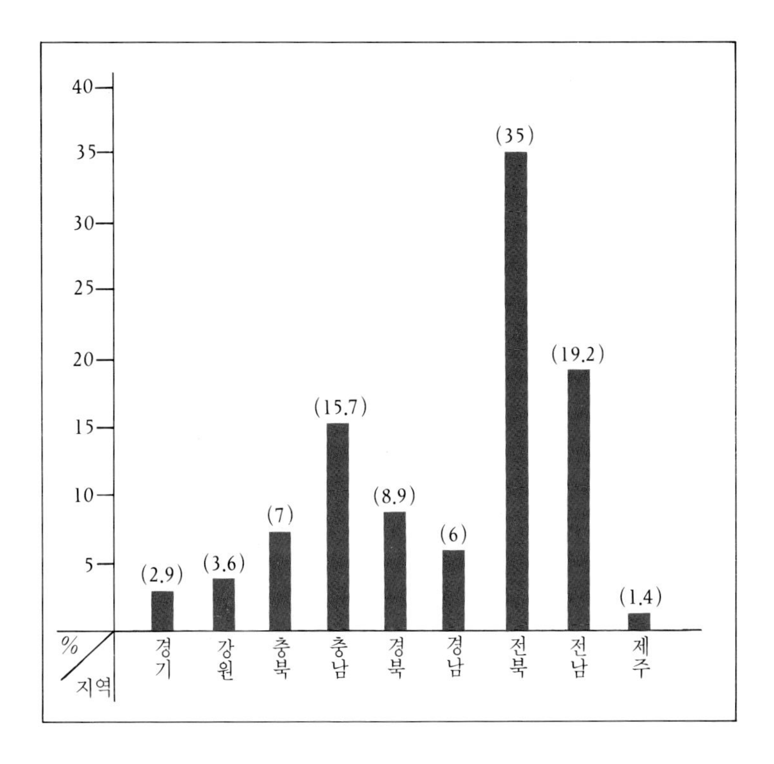

대에도 성장, 발전하였다. 박제가(1750년~?)도 「북학의」에 "전라도 일대가 우심하게 나쁜 버릇이 들어서 열 집 가운데 아홉 집이 지관 노릇을 한다"고 하였던 것이다.

그 까닭은 무엇인가. 이에 대한 대답은 여러 가지이겠지만 그 가운데 하나는 앞에서 설명한 우리네 최조의 풍수라고 할 도선 국사

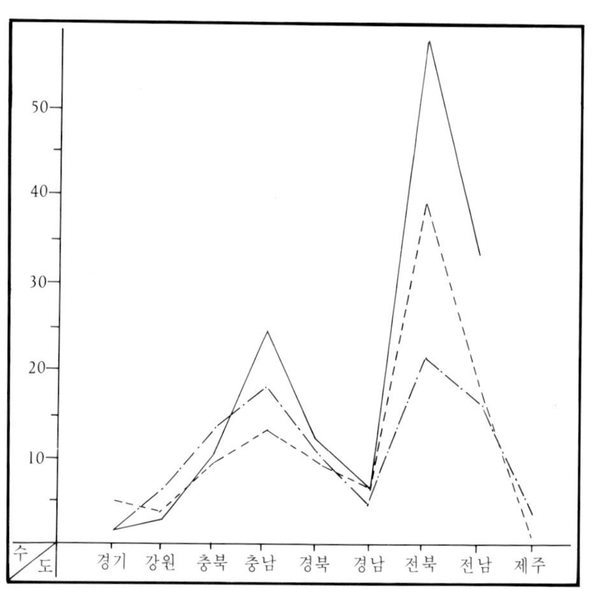

도표 5.

	경기	강원	충북	충남	경북	경남	전북	전남	제주
누운 소형(———)	2	3	11	25	12	7	59	33	
물 마시는 말형(----)	5	4	10	13	10	7	39	19	1
매화 떨어진 터(–·–)	2	6	13	19	11	5	21	18	2

가 이 지역에서 태어나 활동하고, 많은 제자를 길러 낸 점일 것이다.

도선 국사의 속성(俗姓)은 김씨로서(신라 태종무열왕의 서손이라는 설도 있다) 전남 영암군 구림(鳩林)에서 태어났다. 그의 선조는 본디 귀족이었으나 정치에 밀려 이곳으로 옮아 온 것으로 생각된다. 또 그가 15살에 중이 되려고 찾은 절도 구례 화엄사이며 숨어 사는 이인(異人)으로부터 풍수설을 배운 곳 또한 구례현과 가까운 남해변이다. 그리고 그는 35살에 전남 광양의 옥룡사(玉龍寺)에 들어가 입적할 때까지 35년 동안 내내 이곳에 머무르며 제자를 기르면서 새로운 옥룡산문(玉龍山門)을 열었다. 당시 그의 제자는 수백 명에 이르렀다고 한다. 따라서 호남 지방은 풍수설의 탯자리인

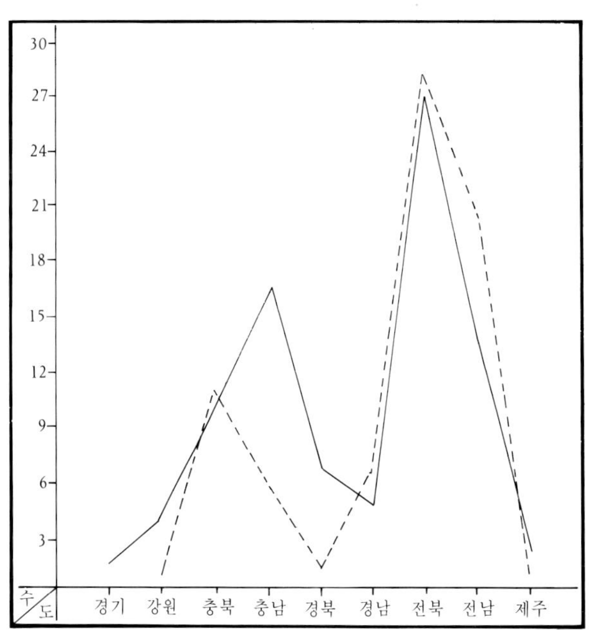

도표 6.
알품은 금닭형(—) 2 4 10 17 7 5 27 14 3
마주 앉은 장군형 1 11 6 2 7 28 21 2
(--------)

동시에 성장, 발전한 고장인 것이다. 우리는 풍수설이 유독 호남 지방에 큰 그림자를 드리운 까닭의 하나를 여기서 찾을 수 있다.

도표 5와 6은 빈도가 높은 형국 5개를 뽑아 이들이 차지하는 비율을 도별로 나타낸 것이다. 도표 5의 경우 누운 소형(臥牛形)과 물 마시는 말형(渴馬飮水形), 매화 떨어진 터(梅花落地形)를 다룬 것으로서 형국에 따라 차이가 없는 것은 아니나 역시 전북이 으뜸을 차지하며 전남, 충남, 경북의 차례로 이어진다. 다만 매화형 하나만은 충남이 두번째에 해당한다.

도표 6의 알품은 금닭형(金鷄抱卵形)과 장군대좌형(將軍對坐形)도 도표 5와 크게 다르지 않다. 따라서 도표 4의 내용은 거의 모든 형국에 공통식으로 나타나는 현상임을 알 수 있다.

형국의 뜻과 사람의 생각

앞에서 든 266개의 형국을 동물형, 물질형, 식물형, 인물형, 문자형으로 나누고 이들이 우리네 집터나 마을터와 구체적으로 어떤 연관이 있는지 알아보기로 한다.

먼저 각 형국에 등장하는 주인공들을 신화나 전설, 신앙, 민속 등의 관점에서 살펴서 이들이 풍수지리에 등장하게 된 까닭과 또 이들이 집터나 마을터에 어떤 모습으로 자리하였으며 현지 주민들은 이를 어떻게 받아들이고 있는가 하는 점들에 대해 설명한다.

늘어놓은 순서는 표1에 나타난 빈도수에 따랐으며 비슷한 내용의 것은 하나로 묶어 다루기로 한다. 숫자는 빈도수를 나타낸다.

동물형

소

누운 소형(臥牛形)	153
물 건너는 소형(黃牛渡江形)	4

엎드린 소형(伏牛形)	3
물 마시는 소형(渴牛飮水形)	3
어미 돌아보는 송아지형(雉犢顧母形)	2
달보는 코뿔소형(犀牛望月形)	1
춤추는 소형(牛舞形)	1
쇠꼬리형(牛尾形)	1

여름 짓는 일을 하늘 아래 으뜸가는 생업으로 삼아 온 우리 민족에게 소는 한 가족처럼 소중한 존재였다. 소를 하인이나 종처럼 '생구(生口)'로 부른 것이나 '소는 농가의 조상'이라 일컬어 온 것도 소가 모든 생산 활동의 원동력이었기 때문이다. 예전에는 소가 없으면 농사를 짓지 못하는 것으로 알았다.

소는 하늘의 뜻을 알리는 영물(靈物)이라 하여 부여시대에는 전쟁이 일어났을 때 그 발굽으로 점을 쳤으며 하늘에 바치는 제물로도 썼다. 또 소는 신성한 존재인 까닭에 쇠코뚜레를 문에 걸어 두면 잡귀가 달아난다고 믿었다. 그리고 오늘날에도 소는 농가 재산의 제1호인 것이다.

소가 풀밭에 누워서 한가롭게 되새김질을 하는 모습은 평화와 태평 그리고 풍요를 한껏 느끼게 해준다. 마을이나 집터 형국 가운데 누운 소 형국이 으뜸을 차지하는 것은 그것이 우리네 정감과 일치하기 때문일 것이다. 무덤 풍수에서도 '묏자리가 소의 형국이면 그 자손이 부자가 된다'고 이른다.

⌂ 충남 서천군 시초면 신흥리(忠南 舒川郡 時草面 新興里) 구병희(丘秉喜) 씨 집

일본 사람(村山智順)의 책(「朝鮮の風水」)에는 누운 개형(臥狗形)으로 올라 있으나 현지에서 확인한 결과 일어서는 소형(起牛形)이었다. 구씨 집에서는 집 뒤의 낮은 언덕이 소가 일어서는 모습이어서

누운 소형 터의 집　경기도 이천군 백사면 도립리 엄씨 집. 1979년 촬영.(위)
누운 소 형국도(전북 부안 향교터)(오른쪽)

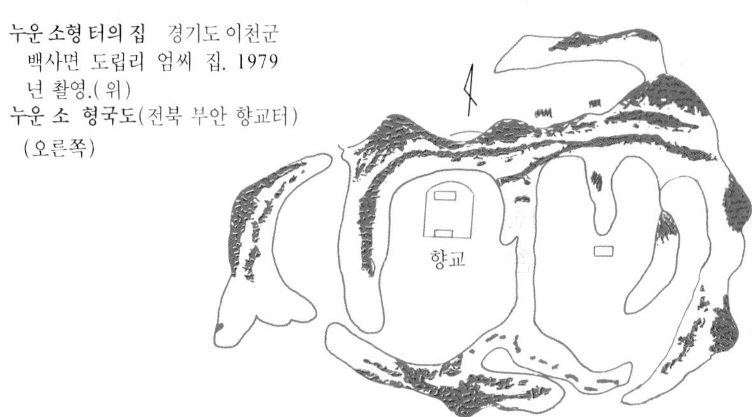

누운 소형 터의 집 충남 서천군 시초면 신흥리 구씨 집. 1992년 촬영.

가운이 흥왕하리라고 여겨 왔다.

⌂경남 울주군 삼남면 조일리(慶南 蔚州郡 三南面 早日里)

마을 앞 낮은 언덕은 소의 구유이고 마을 중앙 옹덕골 옆에 있는 4개의 바위는 발굽이며 뒷산마루는 등이다. 따라서 마을 안쪽은 소의 배에 해당한다. 배에는 언제나 먹이가 들어 차 있으므로 마을도 끊임없이 번성하리라고 믿는다. 또 마을이 무사태평을 누리는 것도 배가 소의 몸 가운데 제일 따뜻한 곳이기 때문이라고 한다.

⌂전남 광산군 대촌면 칠석리(全南 光山郡 大村面 漆石里)

이 마을은 황소가 쪼그리고 앉은 형상이라 터가 무척 거세다. 이 기운을 누르기 위해 소의 입에 해당하는 곳에 구유를 상징하는 못을 파 놓았다. 또 황소가 일어서면 재앙이 일어난다고 여겨서

고삐를 할머니당인 은행나무에 묶어 놓고 꼬리는 7개의 돌로 눌러 놓았다. 터가 센 까닭에 개가 자라지 않는다고 여긴 나머지 개 대신 거위를 기른다. 이 마을에서 오래 전부터 전승된 고싸움도 거센 터를 누르기 위해 벌여 왔다고 한다.

경남 창녕군 영산(慶南 昌寧郡 靈山)

앞의 전남 칠석리와 비슷한 풍수 설화를 간직한 마을이다. 영산읍을 가운데 두고 마주한 영취산(靈鷲山)과 작약산(芍藥山)의 산세가 두 마리의 소가 겨룬 형상인 까닭에 산살(山煞)이 끼어서 이를 풀어 주기 위해 나무쇠싸움을 벌이게 되었다는 것이다. 또 영산의 옛 동헌 자리가 축좌(丑座)이므로 지살(地煞)을 풀기 위해 이 놀이를 창안하였다고도 한다.

말

물 마시는 말형(渴馬飮水形)	108
바람을 가르는 말형(天馬嘶風形)	7
달리는 말형(走馬奪鞍形)	6
구유에 든 말형(良馬入廐形)	2
엎드린 말형(伏馬形)	1
용이 된 말형(馬化爲龍形)	1
굴레 벗은 말형	1
나는 말의 굽형(飛天馬蹄形)	1
밭에 내린 말형(躍馬下田形)	1

우리 민족은 예부터 말을 신성한 동물로 여겨 왔다. 신라 시조 혁거세가 흰 말이 가져온 알에서 태어나고, 고구려 시조 주몽이 기린마를 타고 땅속을 통해 승천하였다는 신화나 전설은 말이 초자

연적인 세계의 사자로서 제왕의 출현을 알리는 영물임을 나타내준다. 신라 고분에서 출토된 하늘을 나는 흰 말 그림(天馬圖)도 같은 뜻을 지닌 것이다.

말은 음양오행으로 화성(火性)인 까닭에 그 왕성한 양기가 악귀나 병마를 쫓는다고 믿었다. 도깨비에게 금은 보화를 얻어 낸 뒤 자주 찾아오는 도깨비를 물리치기 위해 문 앞에 말대가리를 걸어 두었다는 설화도 있다. 또 말날(午日) 장을 담그면 맛이 있고 이날 고사를 올리면 신령이 뜻을 받아 준다고 여겼다.

혼인 때 신랑이 흰 말을 타고 신부집에 간 것도 말과 관련된 태양 신화나 천마(天馬) 사상과 관련이 깊다. 말은 태양을 상징하고 남성을 나타내며 흰 말은 순결과 광명, 신성함, 위대함, 길함을 뜻한다. 우리 민족이 개고기를 즐기면서 말고기는 먹지 않는 것도 우연한 일이 아니다.

무속에서는 말을 무신(巫神)으로 섬기고 마제를 지냈으며 민간에서는 쇠나 나무로 말을 만들어 마을의 수호신으로 받들기도 하였다. 겹겹으로 산이 둘린 말발굽 모양의 땅에 무덤을 쓰면 자손이 대대로 부귀영화를 누리며, 임산부에게 붉은 말가죽을 덮어 주면 순산한다고 여긴다.

목마른 말은 오로지 물만을 간절히 생각하듯이 이 터에서는 복의 기운이 왕성하게 솟는다고 믿으며 말이 언제나 물을 마실 수 있도록 집 앞에 못을 파 두기도 한다.

바람을 가르는 말이나 달리는 말형은 모두 씩씩한 기상과 끊임없는 번영을 나타내며 구유에 든 말형은 안정과 화평의 뜻을 지닌다.

충북 제천군 청풍면 황강리(忠北 堤川郡 清風面 黃江里) 정씨 집

이 집터는 물 마시는 말형이어서 자손 대대로 큰 복을 누리며 살아왔다고 한다.

닭형

알품은 금닭형(金鷄抱卵形)	89
닭 둥우리형(鷄巢形)	6
우는 닭형(鷄鳴形)	5
모이 먹는 닭형	2
닭볏형	1

닭은 울음으로 새벽을 알리는 태양의 사자이다. 또 닭은 새로운 세상이나 올바른 질서를 나타내기도 한다. 신라 김알지 신화에서 닭은 나라를 통치할 새 인물의 탄생을 알려 준다. 닭은 귀신을 쫓아내는 영물로도 여겨서 새해를 맞이한 각 가정에서는 대문에 닭 그림을 붙였다. 마을의 돌림병이 돌 때 닭의 피를 대문이나 벽에 바른 것도 같은 이치이다. 특히 수탉은 정확한 시각에 울기 때문에 그 소리를 듣고 밤이 어느 정도 깊었는지 알았으며 제사를 지낼 때에도 울음 소리에 따라 준비하였다.

때를 알리는 닭에는 제사 시간을 알리는 축시(丑時)닭과 새벽을 알리는 인시(寅時)닭이 있었으며, 60년 만에 나온다는 오명계(五鳴鷄)는 오경을 어기지 않고 다섯 번 운다고 한다. 조선시대에 학문과 벼슬에 뜻을 둔 사람은 서재에 닭 그림을 걸어 두었다. 닭은 입신출세와 부귀공명의 상징이기 때문이다. 더구나 닭머리의 볏은 관(冠)을 나타내므로 닭볏은 벼슬을 얻는 것과 같은 뜻을 지녔다.

알품은 닭형은 풍요를 상징하며, 닭 둥우리형은 무사태평을, 모이 먹는 닭형은 행복을 나타낸다.

충북 충주시(忠北 忠州市)

충주시의 진산(鎭山)은 계명산(鷄鳴山)이다. 이 산에 있는 지네 때문에 주민들이 많은 해를 입어 골머리를 앓고 있을 때 어떤 도사

알품은 금닭 형국도
(충북 진천)

가 지네는 닭과 앙숙이니 산 이름을 계족산(鷄足山)으로 바꾸라 하여 그대로 따랐던 바, 과연 지네가 없어졌다 한다. 그러나 충주시에서 큰 부자나 인물이 나지 않는 것은 닭이 땅을 파헤치듯이 충주의 정기를 흩어 놓기 때문이라는 여론이 높아지자 시의회에서 예전 이름으로 바꿀 것을 의결, 다시 계명산이 되었다.

경남 의령군 가례면 양성리(慶南 宜寧郡 嘉禮面 陽成里)

이 마을을 큰길에서 건너다보면 집들이 닭볏 모양으로 들어앉았다. 사람들은 마을 북쪽을 닭의 머리, 서쪽을 닭의 다리, 남쪽은 꼬리라고 생각한다. 또 닭볏 아래쪽(마을 중앙부에 해당하는 논)에 집을 지으면 불길해서 3년을 넘기지 못한다고 믿는다. 이것은 닭의 눈에 해당하는 지점에 있는 샘에서 솟는 물이 중앙부의 논으로 흘러내리기 때문이다. 경작지인 논을 보호할 필요도 있지만 실제로 언제나 물이 흐르는 곳에 집을 짓는 것은 이롭지 않은 것은 사실이다.

토끼형

달 바라보는 토끼형(玉兔望月形)	47

옛이야기 속의 토끼는 비록 힘이 약하고 몸집은 작지만 산중의 왕이라는 범에게 골탕을 먹이는 의로운 동물로 등장한다. 토끼가 달에 살고 달은 여성을 상징하며 또 토끼는 한 배에 여러 마리의 새끼를 낳으므로 다산(多産)을 뜻한다. 특히 옥토끼는 달에 살면서 떡을 찧거나 불사약(不死藥)을 만드는 영물로도 그려져 있다. 점괘에 있어서도 토끼는 재산이 늘고 벼슬이 높아지며 미녀를 맞아 아들을 얻는 것을 의미한다. 토끼와 달이 한 몸을 이루는 터를 길지로 여긴 것은 당연한 일이기도 하다.

강원도 홍천군 서면 망월리(江原道 洪川郡 西面 望月里)
망단마을

이 마을이 풍요를 누리고 이웃끼리 의좋게 살아온 것은 지형의 덕이라 생각한다.

범형

엎드린 범형(伏虎形)	46
숲에서 나오는 범형(猛虎出林形)	9
범꼬리형(虎尾形)	2
흰 범형(白虎形)	1
누운 범형(臥虎形)	1
범대가리형(虎頭形)	1

우리네 옛이야기나 그림, 조각 등의 미술품에 제일 많이 등장하는 동물이 용과 범인데 용이 상상의 존재인 점을 생각하면 범이야말로

우리 민족과 가장 가까운 동물인 셈이다. 이야기 속에서 범은 담배를 피우기도 하고 곶감에 놀라 달아나기도 하며 매일 부친의 무덤을 찾는 효자를 등에 태우고 데려다 주기도 한다.

무당은 마을의 수호신인 범을 위한 도당제(都堂祭)도 올렸다. 일반에서는 범을 산군(山君) 또는 산신령님이라 부르고 병귀(病鬼)나 잡귀를 물리치는 힘을 지닌 것으로 여겨서 정월 초 대문에 범 그림을 붙이거나 호(虎)자를 써 두었다. 민간에서 범의 뼈를 사악한 기운을 물리치는 영약으로 삼고 범의 발톱이 병 도깨비를 쫓는다고 믿었던 것도 같은 이유이다. 후한서「동이전」에도 "범에게 제사를 지내고 그것을 신으로 섬긴다"는 기록이 있다.

범터의 집 경북 의성군 단촌면 후평동 김씨 집 사랑채(오른쪽). 1971년 촬영.

무당의 산신도에는 범이 산신 곁에 엎드려 있는 모습으로 나타난다. '산의 군자인 범은 엎드려 있어도 모든 헤아림이 그 속에 있다(山君蹲伏 知在商量)'는 말처럼 범의 엎드린 자세는 산신의 지시를 받아 인간의 길흉화복을 깊이 생각하는 뜻을 지닌다. 복호형(伏虎形)은 이러한 관념에서 나온 것이다.

민간에서는 꿈에 범이 크게 울면 벼슬을 얻고 범을 타면 악한 일이 없으며 범이 집으로 들어오면 벼슬이 무거워진다고 한다.

⌂경북 의성군 단촌면 후평동(慶北 義城郡 丹村面 後平洞) 김씨 집

김씨 집 뒤의 무듬재(200여 미터)는 범이 누워 있는 형상이어서 범산이라고도 부르며 김씨 집터는 범의 앞발에 해당한다. 어떤 이는 범이 이 집에 발을 딛고 건너 산으로 뛰어가는 호혈(虎穴)터인 까닭에 개를 기르면 잘 자라지 않는다고 한다.

⌂전남 나주군 다도면 풍산리(全南 羅州面 茶道面 楓山里)

마을 뒷산은 엎드린 범형이고 그 꼭대기에 호혈이 뭉쳐 있다. 이 마을 사람들의 성품이 평소에는 온순하다가도 한번 덧나면 걷잡을 수 없을 만큼 사나워지는 것도 그 때문이다.

⌂경북 영일군 구룡반도(慶北 迎日郡 九龍半島)

경북 영일군 구룡반도는 범의 꼬리이다. 1903년 일본인들이 범꼬리에 장기갑(長鬐岬) 등대를 세우려 하자 주민들은 범꼬리에 불을 밝히면 꼬리를 흔드는 바람에 등대가 무너져서 부근이 불바다를 이루고 동시에 우리나라 전체가 고통을 당하게 된다고 한사코 반대하였다. 끝내 등대는 세워졌지만 등대수의 가족이 괴한에게 몰살을 당하는 참변이 일어났다.

범에 관한 풍수 설화는 또 있다.

무학대사가 태조 이성계로부터 명을 받아 도읍지를 찾던 중 한양

범꼬리형 터의 집 전북 남원군 수지면 호곡리 박씨 집. 1969년 촬영.

에 이르러 지형을 살펴보았더니 외백호(外白虎)인 관악산 서쪽의 호암산(虎岩山) 산세가 북쪽을 향해 당장에라도 뛰어오를 듯 노기등등한지라 범머리에 해당하는 곳에 호압사(虎壓寺)를 짓고 그 맞은편인 상도동에 사자암을 세워서 범의 기세를 꺾었다는 것이다.

꿩형

엎드린 꿩형(伏雉形)	43

꿩은 상서로운 날짐승인 까닭에 예부터 중요한 의식에 이용되었다. 조선시대 중엽부터 초례상에 꿩을 놓았으며 폐백을 드릴 때에도 꿩고기 포(脯)를 놓고 신부의 절을 받았다. 그리고 왕비의 대례복에 136쌍의 꿩과 278마리의 꿩을 수놓았다.

꿩은 악을 물리치고 복을 불러모으는 영물이라고 믿었다. 경주에서는 봄에 산에 가서 꿩알을 주워 속을 빼먹은 다음 껍질을 실이나 버드나무 가지에 꿰어 추녀 밑이나 벽에 걸어 두었다. 이렇게 하면 풍년이 들고 집안이 무사태평하다는 것이다. 오늘날 농촌에서 마을을 대표하는 농기의 맨 꼭대기나 무당의 모자에 꿩깃을 꽂아 꾸미는 것도 같은 이치이다.

⌂전북 완주군 구월면 석구리(全北 完州郡 九月面 石九里) 신봉마을

이 마을은 주위가 산으로 둘러 있어 아늑한 느낌을 주며 6·25와 같은 난리 때에 큰 피해를 입지 않은 것도 지형이 숲에 엎드린 꿩(伏雉形)처럼 이루어졌기 때문이라 한다.

제비형

제비 둥지형(燕巢形)	28
춤추는 제비형(舞燕形)	1

제비는 중양절(重陽節)인 9월 9일에 강남으로 갔다가 3월 3일인 삼짇날 돌아온다. 이처럼 양수(陽數)가 겹치는 날 오가기 때문에 상서로운 새라고 한다. 제비가 처마나 마루 끝에 둥지를 지어서

머리 든 두 용형(雙龍拳頭形)	2
똬리 튼 용 여의주 문 형(盤龍弄珠形)	2
물에서 나오는 용형(黃龍出水形)	2
파도 타는 용형(潛龍弄波形)	2
물에서 나오는 용형(飛龍出水形)	2
구름에서 나오는 용형(靑龍出雲形)	2
여의주 농하는 누운 용형(臥龍弄珠形)	2
여의주 농하는 두 용형(雙龍弄珠形)	1
여의주 농하는 어린 용형(幼龍弄珠形)	1
용눈형(龍眼形)	1
여의주 다투는 여섯 용형(六龍爭珠形)	1
여의주 다투는 두 용형(二龍爭珠形)	1
다섯 마리 용형(五龍形)	1
누워 물 건너는 용형(臥龍渡江形)	1
물 건너는 용형(黃龍渡江形)	1
아홉 마리 용과 뱀형(九龍九巳形)	1

용은 물의 신으로서 농경 민족인 우리와 인연이 깊다. 가뭄이 계속될 때 용정(龍井), 용호(龍湖), 용지(龍池), 용추(龍湫), 용담(龍潭), 용소(龍沼) 등지에서 기우제를 지냈고 정월 대보름 무렵에는 용을 상징하는 줄나리기를 벌여서 비가 알맞게 내려 풍년이 들기를 기원하였다. 단군 신화에 환웅이 가져왔다는 풍백(風伯), 우사(雨師), 운사(雲師) 등도 용을 사람으로 나타낸 것으로 생각된다.

신화의 주인공 가운데 용과 혼인한 사례도 적지 않다. 신라 시조 박혁거세의 부인인 알영은 계룡(鷄龍)의 왼쪽 갈비뼈에서 나왔다. 또 석탈해는 용성국(龍城國)왕과 적녀국(積女國) 왕녀 사이에서 태어났으며, 고려 태조 왕건은 작제건과 용녀의 소생인 용건(龍建)

물 마시는 용 형국도
(충남 부여 부근)

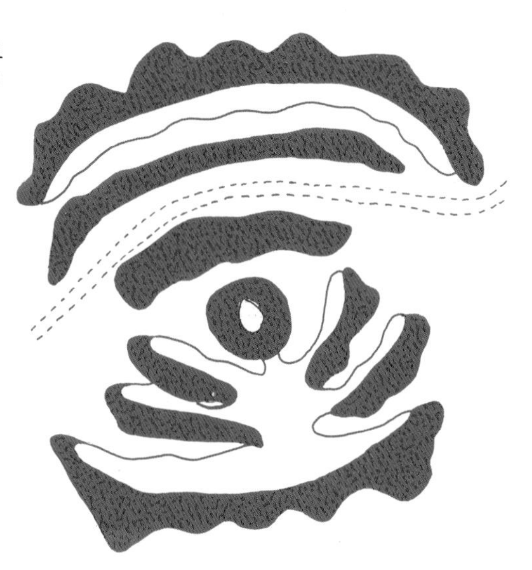

의 아들이고, 백제 무왕인 서동(薯童)은 그 어머니가 연못의 지룡(池龍)과 몸을 섞어서 출생하였다.

용은 어민들도 수호신으로 받들었으며 용왕제나 용왕맞이 등은 바다의 용신에게 풍어와 안전을 기원하는 의례이다. 「삼국유사」를 비롯한 불교 설화 관계 문헌에는 용이 불법을 받들고 나라를 지켜 주는 수호신으로 등장한다. 신라의 황룡사와 그 절의 9층탑은 나라의 태평을 위해 세운 것이며 문무왕은 해룡이 되어 왜구를 물리치겠다는 결심을 밝힌다.

옛선비들에게 용은 권위와 길상(吉祥)의 상징이었으며 꿈 가운데 용꿈은 큰 인물의 출생을 알리는 징조였다. 이율곡이 태어난 방을 몽룡실(夢龍室)이라 부르는 것도 그 때문이다.

우리나라 지명 가운데 용자가 들어간 것이 많으며 사찰의 법당, 탑, 종, 부도에 용이 새겨지고 그림, 가구, 옷, 문방구, 장신구 등에 용이 등장하는 것도 모두 용이 지닌 권위와 위력, 풍요, 길상의 힘을 빌기 위한 것이다.

구름에서 나오는 용형 터의 집 전남 나주군 다도면 풍산리 홍씨 집 대문채. 1978년 촬영.(맨 위)
용꼬리형 터의 집 경기도 옹진군 북도면 장봉리 이씨 집. 1983년 촬영.(위)

비뿌리는 용형 터의 집 전북 임실군 둔남면 둔덕리 이씨 집 사랑채. 1978년 촬영.

⌂ 경북 달성군 하빈면 묘동(慶北 達城郡 河濱面 妙洞)

묘동의 뒷산(龍山)은 남쪽으로 조금 터졌을 뿐, 마치 한 마리의 용이 마을을 감싸안듯이 둥글게 둘러 있어서 꼬리를 돌아보는 용형(回龍顧尾形)이라 불린다.

사육신의 한 사람인 박팽년의 손자가 처음 들어와 자리를 잡은 이래 이 마을에서 박충후(朴忠後;1587~1611년), 박종우(朴宗祐;1587~1654년), 박광보(朴光輔;1761~1839년), 박광석(朴光錫;1764~1845년) 등의 인물이 나온 것도 이와 관련이 깊다고 한다.

⌂ 전북 임실군 둔남면 둔기리(全北 任實郡 屯南面 屯基里) 이씨 집

집터가 용이 비를 뿌리는 형임에도 이에 걸맞는 별다른 효과가 없다고 생각한 주인은 1949년 풍수의 권유에 따라 집의 일부분을 헐고 새 건물을 짓는 등 큰 개축 공사를 벌이고 그 결과를 기다리고 있다.

지네형

지네형(蜈蚣形)	24

지네는 다리가 가장 많은 동물의 하나로서 그 수는 최소 15쌍에서 최대 170쌍에 이르며 천룡(天龍)이라고도 부른다. 풍수지리에서 지네형의 터를 길지로 여기는 것은 지네의 다리처럼 자손이 번성하고 재화를 많이 모을 수 있으리라 기대하기 때문이다. 박공머리나 대문에 지네 모양의 철판(이를 지네철이라 한다)을 붙였던 것도 같은 이치이다. 민간에서는 지네를 수호신으로 섬기고 농사의 흉풍이나 인간의 생명과 질병을 다스리는 존재로도 믿었다.

전북 정읍군 산외면 오공리(全北 井邑郡 山外面 五公里) 김동수 씨 집

김씨 집 뒤의 창하산(蒼霞山, 150여 미터)은 그 모양이 지네를 닮았다 하여 인근에서는 지네산으로 부른다. 오공리(五公里)라는 행정 지명도 본디는 지네를 가리키는 오공리(蜈蚣里)였고 자연부락 이름도 공동(蚣洞)이었으나 민족 항쟁기(1910~1945년)에 지금처럼 바뀌었다.

김씨 집 앞 왼쪽에 남북(17미터)에 비해 동서(32미터)가 배나 긴 장방형의 못(깊이 3미터)이 있다. 못의 형태가 이처럼 기형을 이룬 것은 지네가 지렁이를 좋아하므로 못을 지렁이처럼 길게 파서 먹이를 삼게 해야 한다고 믿었기 때문이다.

김씨의 6대조이며 입향조이기도 한 김명관(金命寬;1755~1822년)은 집을 지을 때 대문을 중심으로 왼쪽으로 40그루, 오른쪽으로 26그루의 느티나무를 심었으며 특히 왼쪽은 지네산 기슭에까지 이르도록 하였다. 이 나무들은 현재 40여 그루가 남았으나 여름철이 되면 그 은성(殷盛)한 잎으로 인하여 장관을 이루며 마을도 이 숲에

지네산 풍수지리에서 지네형의 터를 길지로 여기는 것은 지네의 다리처럼 자손이 번성하고 재화를 많이 모을 수 있으리라 기대하기 때문이다. 정읍에 있는 이 지네산 아래의 마을은 숲에 가려 보이지 않는다. 전북 정읍군 산외면 오공리. 1993년 촬영. (위)

지네철 지붕의 박공 머리에 지네 모양으로 만든 쇠쪽을 붙여 놓았다. (옆면)

독계봉과 화견산 정읍의 김동수 씨 집 앞에는 안산인 독계봉과 그 뒤로 화견산이 나란히 솟아 있다. 전북 정읍 산외면 오공리. 1993년 촬영.

파묻히고 만다. 그가 이처럼 온 마을이 숲에 가려질 정도로 나무를 심은 것은 풍광을 돕기 위한 목적보다, 지네는 습지에서 사는 동물인 까닭에 이를 숲으로 가려 두어야 한다는 풍수적 관념 때문이었다. 그리고 그는 나무를 마을 사람들이 함부로 베는 것을 막으려고 한 그루터마다 당시 하루 품삯의 열 배씩 주고 사서 자기 것으로 만들었다. 오늘날에도 나무는 물론 나무가 자라는 터까지 김씨 집 소유로 되어 있다.

김씨 집터에 대해서는 다음과 같은 이야기도 전한다.

집터를 널리 구하던 김명관은 처음에 정읍군 태인면 오봉리 청석골에 좋은 터가 있다 하여 찾아갔다. 그런데 마침 그 자리에서 강아지가 똥을 누고 있던지라 이곳은 강(姜)씨네 터라고 여겨 단념하였다. 그 뒤 지금의 집터(당시는 잡목의 숲)에 이르자 밤이면 북이 세 번씩 울리면서 도깨비가 '한 말…… 두 말……' 곡식을 되는 소리가 들렸다. 예부터 북소리가 울리는 데에서는 큰 부자가 난다 하고 또 도깨비는 곧 김씨를 가리키므로(호남 지방의 어민들은 뱃고사를 지낼 때 물도깨비를 향해 "물 위의 김서방…… 물 아래 김서방" 하고 주워 섬긴다) 이곳에 집을 짓기로 결심하였다.

김씨네는 마을에서 북으로 11킬로미터 떨어진 상두산(象頭山, 575미터)에서 비롯된 혈맥(穴脈)이 물레봉(마을 북방 7킬로미터 지점, 380미터)과 비봉산(飛鳳山, 마을 서북방 6킬로미터 지점)을 거쳐 집 뒤의 지네산으로 해서 자기네 사당터로 흘러들어 뭉쳐 있다고 한다. 김씨 집은 지네산 주둥이에서 100여 미터 떨어진 안쪽에 세워졌다.

김명관은 이 집터의 흥왕하는 기운이 12대까지는 이어질 터이므로 그때까지는 무슨 일이 있어도 옮기지 말라고 후손들에게 당부하였다. 그리고 그는 안채 대청 한가운데의 땅속에 표적을 남겨 두었으니 집이 불에 타 없어지더라도 이것을 찾아 움이라도 짓고 살면 가세(家勢)가 다시 일어날 것이라고 하였다.

김동수 씨에 따르면, 안채의 평면은 본디 어떤 도승이 꾸몄으나 지은 뒤에 살펴본즉 쓸모가 적어서 나머지 건물은 김명관이 직접 설계하였다고 한다. 사랑채나 행랑채 등에는 여러 종류의 새가 둥지를 틀고 살지만 안채에만은 새가 집을 짓지 않으며, 가끔 제비가 모여들었다가도 새끼를 낳으면 죽어 버리는 것도 자식을 가질 수 없는 중이 지었기 때문이다. 새가 없으므로 뱀도 꾀지 않고 따라서 김씨네는 자손이 귀한 편이다.

김씨 집 건너편에는 안산(案山)인 독계봉(獨鷄峰, 169미터)과 화견산(火見山, 800여 미터)이 나란히 솟아 있다. 이 집은 중요민속자료 제26호로 지정되었다.

⌂ 전북 옥구군 성산면 고봉리(全北 沃溝郡 聖山面 高峰里) 채씨 집

이 집터를 잡아 준 풍수는 불빛을 만나면 움직이지 않는 것이 지네의 속성인데 봉우재(봉화대)가 안산을 이루고 있어 부귀영화가 떠나지 않고 계속될 것이라 예언하였다. 또 그는 지네가 습지에 사는 동물이므로 항상 그늘이 필요한 만큼 집 앞에 나무를 많이 심으라 권하였다. 대문 앞의 연못(가로 23미터, 세로 23.5미터)도 지네가 목을 축일 수 있도록 하려고 마련한 것이다.

주인이 이 집터에서 몇 대나 부귀를 누릴 것인가 묻자 그는 봉우재의 봉화가 꺼질 때까지라 대답하였다. 현재 봉우재의 봉화는 사라졌지만 고봉산 위에 미군 기지가 설치되어 밤이면 불빛이 휘황하므로 이 집 사람들은 언젠가 예전의 부귀를 다시 누릴 날이 오리라 기대하고 있다.

⌂ 서울 종로구 창의문(彰義門) 밖

창의문은 종로구 청운동 막바지에 있는 북소문으로 태조 4년(1395) 성을 쌓을 때 지었으며 문 위에 나무닭을 새겨 걸었다. 이 문 밖(지금의 부암동 및 세검동 일대)의 지형이 지네 형국이어서 그것을 억누르려고 지네와 상극인 닭을 걸어 둔 것이다.

세검동 일대에는 본디 사람이 살지 않았으나 인조반정 때 주모자들은 불광동 독바위골에서 모의하여 군사를 이끌고 이곳을 거쳐

창의문을 무너뜨리고 궁궐로 들어갔다. 정권을 잡은 그들은 이곳이 서울의 목이 될 뿐 아니라 골이 깊고 으슥해서 불안을 느낀 나머지 장의사 터에 총융청을 설치하고 군대를 주둔시키는 한편 백성들을 살게 하였다. 그러나 백성들이 생업을 잇기 어려워 떠나자 이를 막기 위해 포목의 마전과 각 관청에서 쓰는 메주와 종이 제조의 권리를 주었다고 한다.

충남 서산군 안면도(忠南 瑞山郡 安眠島)

안면도 주민들은 이 섬이 지네를 닮았다 하여 기와집을 짓지 못하도록 막았다. 지붕에 지네가 깃들면 결국 기와가 흔들리게 되고 이에 따라 불행이 닥치리라 여긴 것이다.

봉형

나는 봉형(飛鳳形)	20
알품은 봉형(飛鳳抱卵形)	15
둥지에 든 봉형(鳳歸巢形)	13
봉 둥지형(鳳巢形)	8
춤추는 봉형(鳳舞形)	1
아침에 우는 봉형(鳳鳴朝陽形)	1
알품은 봉형(金鳳抱卵形)	1
편지 문 봉형(丹鳳含書形)	1
봉꼬리형(鳳尾形)	1
숲에서 잠든 봉형(飛鳳投林形)	1
오동나무에 깃든 봉형(梧桐鳳棲形)	1
열매 먹는 봉형	1

전남 곡성 태안사와 봉황 형국도

봉은 닭의 주둥이, 제비의 턱, 뱀의 목, 거북의 등, 용의 무늬, 물고기의 꼬리를 갖추었다는 상상의 새로서 상서로움을 상징한다. 좋은 벗을 봉려(鳳侶), 아름다운 누(樓)를 봉루(鳳樓)라 하고 화목하고 평화로운 세상을 봉황이 온 세상이라고 이른다.

봉은 오색의 깃털을 지니고 오음(五音)을 내며 오동나무에 깃들고 대나무의 열매를 먹고 사는 새라 하여 고결한 성품을 지닌 인물에도 비겼다.

봉은 백성을 다스리는 군왕격이어서 흉배 등에 봉무늬를 놓아 임금을 나타내었고, 왕국이나 수레에도 봉을 꾸며서 봉궐(鳳闕), 봉거(鳳車)라 불렀다.

⌂ 경북 울진군 근남면 구산 3리(慶北 蔚珍郡 近南面 九山3里) 임씨 집

임씨 집터는 봉이 알을 품은 형이어서 자손이 번창한다고 믿는다. 이 집에서 한때는 17명이 살았다.

⌂ 경북 영천군(慶北 永川郡)

경북 영천읍 주위의 학산(鶴山)과 죽방산(竹防山) 유래에 대한 다음과 같은 설화가 전한다.

> 영천군의 지세는 봉이 날아가는 형국으로 봉이 사라지면 불길하다고 여겨서 봉이 좋아하는 대숲을 만들고 남쪽 산 이름을 죽방산이라 고쳤다. 또 봉은 까치 울음 소리를 들으면 그것을 잡으려고 다른 곳으로 날아가지 않는다 하여 남쪽 산을 까치산으로 바꾸었다 한다.

⌂ 경남 함안(咸安)

함안읍 뒷산의 형세 또한 봉이 나는 형이어서 16세기에 군수 정한강(鄭寒岡)이 읍자리에 봉의 알모양으로 흙을 쌓고 군 동북쪽에 벽오동 천 그루를 심어 대동숲(大桐藪)이라 일렀다. 또 대산리(大山里)에 봉의 먹이가 될 대숲을 일구어서 봉이 영원히 떠나지 않도록 하였다.

개형

엎드린 개형(伏狗形)	16
누운 개형(臥狗形)	16
달보고 짖는 개형(仙狗哭月形)	2
달보고 짖는 삽살개형(黃尨吠月形)	2
개젖통형(狗乳囊形)	1

개는 우주 창조와 관련된 일식과 월식 이야기에 충성스런 심부름꾼으로 등장한다. 암흑 세계를 밝히기 위해 왕이 불개에게 해와 달을 물어 오라고 하였으나 해는 너무 뜨겁고 달은 너무 차서 실패하였다. 그러나 개는 지금까지 쉬지 않고 같은 행동을 되풀이하고 있으며 일식과 월식은 개가 깨문 자리라는 것이다.

개는 충실한 안내자일 뿐만 아니라 잡귀나 재앙을 물리치고 집안의 행복을 지켜 준다고 여긴다. 범 같은 맹수와 싸워 주인을 구하고, 눈먼 주인에게 길을 인도하며 술에 취해 잠든 사람을 불 속에서 살려 내고 심지어 죽어서 발복할 땅을 잡아 준다는 내용의 설화 등이 그것이다. 또 개는 한 배에 여러 마리의 새끼를 낳기 때문에 풍년과 다산의 상징으로 삼는다. 개젖통이야말로 다산과 풍요 그 자체이며 엎드리거나 누운 개도 더 바랄 것이 없는 만족하고 평화로운 상태를 나타낸다.

⏏ 제주도 제주시

현재의 제주지사 관사 부근의 지형이 개젖통 형국이어서 19대가 과거에 급제하고 24대 동안 태평을 누릴 것이라 한다. 그러나 지금까지 젖꼭지에 해당하는 터, 곧 풍수에서 말하는 혈(穴)을 아무도 찾지 못하였다는 것이다.

⏏ 전북 전주시 덕진구 만성동(全北 全州市 德津區 萬成洞)

이 마을 뒷산은 삽살개가 달보고 짖는 형(黃尨吠月形)으로 개가 달을 보고 짖을 때는 새끼를 밴 시기이므로 마을이 융성하리라 믿는다. 지는 달보다는 뜨는 달을 향해 짖어야 좋다고 한다.

거북형

금거북형(金龜沒泥形)	15
엎드린 거북형(伏龜形)	9

자라형	4
거북머리형(龜頭形)	1
거북꼬리형(龜尾形)	1
물에 뜬 거북형(浮龜形)	1

거북은 수명이 길고 물에서도 뭍에서도 살기 때문에 예부터 신성한 존재로 여겼다. 또 '구지가(龜旨歌)'에 나타난 대로 신성한 군주의 출현을 바라는 사람들의 뜻을 하늘에 전하는 영물이었으며 고구려 시조 주몽이 금와왕의 군사에 쫓겨 달아날 때 다리를 놓아 구해준 신의 사자이기도 하였다. 거북이 하늘의 뜻을 점치는 예조(豫鳥)의 동물로 여겨진 것은 널리 알려진 사실이다.

우리나라의 땅 이름, 산 이름, 바위 이름에 구(龜)자가 붙은 곳이 많고, 일상의 도구나 기구, 공예품 따위에 거북 무늬를 놓으며 명이 긴 사람에게 '귀령학수(龜齡鶴壽)'라는 글귀를 써 보내는 것도 장수를 상징하기 때문이다. 특히 금거북은 하늘에 사는 영물로서 천지의 기운을 흡수해서 만물을 낳는다고 한다. 이 거북이가 진흙에 빠지면(金龜沒泥) 오행에서 이르는 토생금(土生金)이 되어 땅속의 기운을 더욱 힘차게 빨아들이므로 집자리로서 더 바랄 것이 없다.

전남 구례군 토지면 오미리(全南 求禮郡 土旨面 五美里) 유(柳)씨 집

이 집은 경북 대구에서 살던 유이주(柳爾胄;1726~1797년)가 이곳으로 옮겨 와서 세운 73칸 규모(대지 710평, 건평 129평)의 상류 가옥으로서 1968년 중요민속자료 제8호로 지정되었다. 운조루(雲鳥樓)로 널리 알려진 이 집은 유이주가 집터를 닦을 때 거북처럼 생긴 돌이 나와서 풍수지리에서 이르는 금거북터(金龜沒泥)라 일러온다. 길이 25센티미터, 높이 12센티미터, 머리 3.5센티미터 크기의 이 돌은 이 집의 보물로 전해 오다가 1987년 도둑을 맞았다.

거북꼬리형 터의 집 거북은 수명이 길고 하늘의 뜻을 알리는 동물로 널리 알려졌으므로 예부터 신성시했던 까닭에 거북형 터 또한 길지로 여겼다. 충북 진천군 초평면 용정리 엄씨 집. 1992년 촬영.(위)
용머리와 거북등 모양의 주춧돌 경남 거창군. 1990년 촬영.(옆면)

나도 이 집을 두 차례나 찾았으며 첫번째에는 사랑채에 이틀이나 머물면서 정밀 조사를 하였다. 당시에 거북돌을 보지 못했으나 안채 마당가에 놓인 맷돌을 보고 집터에서 나왔다는 거북돌을 연상한 일이 있다. 맷돌 아래짝은 주둥이가 길게 달렸으며 주둥이 밑에 턱까지 붙은 것이 누가 보아도 한눈에 거북임을 알아차릴 만하였다. 더구나 바닥을 보기 위해 옆으로 뉘었더니 왕돈(큰 돈)을 등에 진 거북 모습이 더욱 뚜렷하였다. 유이주의 9대 종손인 종숙 씨는 이 거북 맷돌의 유래에 대해 아는 것이 없었으나, 선조 가운데 어떤 이가 집터에서 나온 거북돌을 떠올리고 석수에게 맷돌을 거북 모양으로 깎아 달라고 특별 주문한 것으로 짐작되었다.

입향조인 유이주는 앞의 거북돌을 발견하고 '하늘이 이 땅을 아껴 두고 은밀하게 나를 기다렸다'며 기뻐하였다. 아닌게 아니라 이 집은 유이주가 낙안 군수 때 한양으로 가던 세곡선(稅穀船)이 침몰, 그 책임을 지고 함북 삼수(三水)에서 유배 생환을 하던 중 착공되었는

거북 모양의 맷돌 거북 모양으로 깎은 맷돌(맨 위)과 그 바닥면(위). 전남 구례군 토지면 오미리 유씨 집. 1987년 촬영.

데 미처 상량도 올리기 전에 그의 정배(定配)가 풀리고 오위장(五衛將;조선시대 열두 명의 장수로 종이품 벼슬)에 뽑혔으며 이어 평안북도 용천 부사직에 오르는 일이 일어났다(이 집의 실제적인 건립은 그의 조카가 맡았다). 유이주의 후손 가운데 온 나라에 알려질 만한 벼슬을 한 이는 없으나 큰 재산을 지키며 오늘날까지 이르렀으니 복을 누린 집안이라 할 것이다.

유씨 집에서는 금거북터가 부엌 자리라고 믿는다. 따라서 바닥을 쓸지 않으며 오히려 이따금 흙으로 덮기까지 한다. 본디 집을 지을 때 부엌 자리에 방을 앉힐 생각이었으나 방에 불을 때면 거북이가 말라 죽을 것이므로 안방을 오른쪽으로 옮기고 거북 자리를 부엌으로 만들어서 언제나 물기에 젖도록 하였다.

이 집 솟을대문 좌우의 행랑은 무려 12칸씩이었으니(지금은 동쪽이 11칸, 서쪽은 7칸뿐이다) 행랑 규모로는 전국 제일이 아닌가 생각된다. 대문 위에는 말머리뼈가 걸려 있다. 본디 범머리뼈였으나 어느 때인가 도둑이 떼어가는 바람에 말머리뼈로 대신하였다. 범의 뼈를 대문에 걸어 둔 것은 잡귀를 물리치기 위한 비방에 따른 것이다. '꿩 대신 닭이다'는 말이 있지만 유씨 집에서 범뼈를 잃고 말뼈로 대신한 것도 유래가 깊다. 말 또한 영물로 믿었기 때문이다. 민간에서는 돌림병이 돌 때 남자는 왼쪽에, 여자는 오른쪽에 말뼈를 차고 다니면 안전하다고 여겼다.

돼지형

예전에는 돼지를 신에게 바치는 제물로 썼으며 도읍지를 정해주는 신통력을 지닌 영물로 믿었다. 고구려 유리왕 때 제물로 쓰기 위해 기르던 돼지가 달아나자 이를 따라간 관원이 돌아와 왕에게 돼지가 잡힌 곳으로 도읍을 옮길 것을 권하자 왕이 그대로 따랐다는 내용이 전한다. 또 고려 태조의 조부인 작제건(作帝建)이 용왕을

돼지형 터의 집 돼지는 신에게 바치는 제물로 썼으며, 도읍지를 정해 주는 신통력을 지닌 영물로 믿었다. 전북 김제군 월촌면 장화리 정씨 집 대문채(위)와 사랑채 사랑방(오른쪽). 1977년 촬영.

도와 주고 그 딸과 돼지를 얻어 고향으로 돌아온즉, 돼지가 우리로 들어가지 않고 송악 남쪽으로 가서 누웠으며 뒷날 이곳이 고려의 도읍지가 되었다는 기록이 「고려사」에 실려 있다. 아들이 없어 고심하던 고구려의 산상왕(山上王)도 돼지가 인연이 되어 동천왕(東川王)을 낳았다. 돼지는 잘 먹고 잘 자라며 한 배에 여러 마리의 새끼를 낳으므로 행운의 동물로 여겼으며 장사하는 집에서도 돼지 그림을 붙여 놓았다.

전북 김제군 월촌면 장화리(全北 金堤郡 月村面 長華里) 정씨 집

1859년에 세워진 이 집은 지은이의 손자가 구례의 수령을 지낸 까닭에 인근에서는 장화 정구례(鄭求禮) 집으로 불렀다. 건립 당시에는 모든 건물에 기와를 얹지 않고 볏짚을 덮었다. 건립자가 집을 지을 때 돼지꿈을 꾸어서 집도 돼지울처럼 지저분해야 좋을 것이라 여겼기 때문이다(문자형 항 참조).

게형

게형(蟹形)	9
물 마시는 게형(渴蟹飮水形)	1
게등형(蟹背形)	1
게눈형(蟹眼形)	1
띠매고 엎드린 게형(博帶伏蟹形)	1
가재형	6
거미형	6
줄친 거미형(蜘蛛結網形)	1

게의 몸은 머리·가슴(頭胸部)과 배로 구분되며 머리·가슴은 두텁고 단단한 딱지와 배갑으로 덮여 있다. 머리·가슴에 붙어 있는 5쌍

의 다리 가운데 맨 앞의 한 쌍이 집게다리, 나머지 다리는 걷는 다리이다.

풍수지리에서는 게등과 게발처럼 생긴 터를 길지로 여긴다. 게등은 게몸 전체에 비해 너르고 펑펑하며 또 단단하고, 게다리(집게다리)는 한번 잡은 것을 다리가 몸에서 떨어져 나가도 놓지 않을 만큼 강인하기 때문이다. 집터나 마을터 가운데 가재 형국도 가재 앞다리의 잡는 힘을 기대한 것으로 생각된다. 거미도 마찬가지이다.

경기도 옹진군의 여러 섬들 예컨대 영흥도, 대부도, 장봉도 일대에서는 문으로 들어오는 잡귀를 물리치기 위해 게를 달아매 두었다. 집게다리로 잡귀를 잡아 두거나 아니면 잡귀가 집게다리의 위력에 겁을 먹고 지레 달아나리라 여긴 까닭이다. 가시돋친 엄나무와 범, 용, 닭 따위의 그림을 붙이거나 글씨를 써 두는 것과 같은 생각이다. 처음에는 산 게를 쓰지만 게가 죽은 뒤에도 그대로 걸어 둔다.

경기도 강화군 내가면 구하리(京畿道 江華郡 內可面 鳩下里)

낮은 언덕 위에 자리한 이 마을은 서쪽으로 둑을 쌓아 논을 풀기 전에는 주위가 모두 바다였다. 따라서 마을이 위치한 언덕을 게등이라 여겼고 안전하고 복된 삶을 누렸던 것도 지형 덕이라 믿었다. 더구나 민족 항쟁기에 바다를 막아 앞바다가 논으로 바뀐 까닭에 게등터에 대한 믿음이 더욱 굳어졌다. 다른 어느 마을보다 경제적 여유를 누려 온 것은 물론이다.

이 마을의 북쪽 끝에 자리한 아무개 집이 게의 집게다리터라고 일러 온다. 앞에서 설명한 대로 게가 다리로 먹을 것을 긁어 모으듯이 이 집도 재산이 불어나 부자가 되었으며 원주인이 이사를 갈 때 집값을 보통 집의 두 배를 받았다.

한편 이 마을에서는 게등에 좋은 무덤 자리가 있다 하여 오래 전부터 풍수가 드나들었으며 암장(暗葬)이 끊이지 않았다. 내가 만나 본 두 사람 가운데 한 사람은 자기 어머니를 묻었다고 실토하

게등형 터 게등은 게몸 전체에 비해 너르고 평평하므로 풍수지리에서는 게등터를 길지로 여긴다. 경기도 강화군 내가면 욱하리. 1992년 촬영.

였다. 깊은 밤에 아무도 모르게 게등의 혈(穴)이라고 풍수가 일러준 지점에 가서 홑이불을 펴고 파낸 흙을 담았다가 시신을 묻은 다음 다시 덮어서 감쪽같이 처리하였다는 것이다. 그러나 바로 그 때문에 그는 어머니의 무덤 자리를 확실히 알지 못할 뿐 아니라 이제까지 드러내 놓고 절 한 번 올리지 못하였다. "어머니를 묻고 나서 풍수의 예언대로 잘 되었느냐" 물으니 싱긋 웃기만 할 뿐 대납이 없었다. 민족 항쟁기에는 이와 같은 암장이 그치지 않았다고 한다.

「조선의 풍수(朝鮮の風水)」라는 책에는 이 마을의 지형이 엉뚱하게도 괘등형(掛燈形)으로 올라 있다. 누군가가 '게등'을 잘못 듣고 '괘등'으로 적은 것이다.

강원도 양양군 손양면 수여리(江原道 襄陽郡 巽陽面 水余里) 이씨 집

현지에 가서 살펴본바 이씨 집은 과연 게터에 자리하고 있음이 분명하였다. 낮은 언덕 위에는 오직 이씨 집 한 채만 세워지고 뒤 언덕에서 좌우로 뻗어 나간 능선이 안쪽으로 휘어들어서 멀리서 건너다보면 이씨 집은 게등 앞쪽에 올라서고 양쪽에서 안으로 굽어든 능선은 집게다리를 연상시킨다. 이씨 집에서는 더욱 확실한 게 모습을 만들기 위해 언덕 아래 양쪽에 두 개의 우물을 팠으며 역시 양쪽으로 좁은 길을 내었다. 우물은 게의 눈을, 길은 게의 더듬이를 상징한 것이다. 이로써 완벽한 게터가 되었다. 자연과 인공이 이보다 더 완벽한 모습을 이루기는 어려울 것이다.

계등형 터의 집 사진의 좌우 양쪽 언덕이 게의 다리에 해당하며, 게눈을 나타내기 위해 양쪽 동그라미 자리에 우물을 팠다. 강원도 양양군 손양면 수여리 이씨 집. 1996년 촬영.

「조선의 풍수」에는 이 집터가 게눈형(蟹眼形) 또는 용눈형(龍眼形)으로 소개되었고 현지에서 확인한 결과도 같았으나 두 개의 우물이 게눈을 나타낸 것이라 한다면 게등터로 보는 것이 정확하지 않은가 생각된다.

뱀형

개구리 쫓는 뱀형(生蛇追蛙形)	9
똬리 튼 뱀형(蛇蟠形)	6
뱀머리형(巳頭形)	2
숲에서 나오는 뱀형(黃巳出林形)	2
못에 엎드린 뱀형(金巳伏池形)	1
풀숲의 뱀형(草中反蛇形)	1

뱀은 불사, 재생, 영생을 상징한다. 제주도의 서사무가(敍事巫歌)에 뱀이 재생하는 내용이 들어 있으며 무속 신화에도 풍요와 다산의 동물로 등장한다. 이 섬 주민들은 뱀을 부와 재물을 관장하는 칠성신으로 받들며 뱀신인 부군신령(府君神靈)이 길에 웅크리고 있는 것을 집에 모셨더니 곧 부자가 되고 부군신령이 달아나자 똬리를 틀고 있던 곳의 흙을 가져다가 모시기만 하였는데도 큰 재산을 모았다 한다.

경기도에서도 뱀을 업으로 여겨서 업단지를 소중하게 모신다. 업단지는 곳간이나 뒤꼍에 터주와 같이 주저리를 덮어 모시는 곳도 있다.

⌂ 제주도 남제주군 안덕면 창천리(濟州道 南濟州郡 安德面 創川里) 강씨 집

이 집터는 뱀이 똬리를 틀고 앉은 터(뱀똬리터)로 유명하다. 신안(神眼 ; 제주도에서는 풍수를 이렇게 부른다)은 이 터가 제주도에서

똬리 튼 뱀터 뱀은 불사, 재생, 영생 등을 상징한다. 제주도 남제주군 안덕면 창천리 강씨 집터. 1987년 촬영.

세번째로 좋은 터(十代之地)라면서 10대가 지나면 다른 곳으로 떠나라는 당부를 남겼다. 그리고 그는 그때가 오면 마당에서 까마귀 머리만한 크기의 돌이 나올 것이며 뒤에는 이씨네가 살게 되리라 예언하였다. 집터를 오래 보존하고 싶었던 강씨네는 생각 끝에 며느리를 이씨네에서 맞아들이는 꾀를 내었다. 이렇게 하면 강씨네 터에 이씨가 들어와 사는 것과 마찬가지라 여긴 까닭이다. 그러나 강씨네는 이 터에 자리 잡은 지 11대 만에 안채를 헐어야 하는 비운을 만났으며(70여 년 전) 끝내 집터마저도 남제주군 화순에 거주하는 이씨네에 넘어가고 말았다. 이씨는 50여 년 전 집터(약 1200평)를 당시 화폐 75만 원을 주고 손에 넣었다.

이씨는 지금까지도 집을 짓지 않고 빈 터 그대로 두고 있으나 터만은 가능한 한 오래 보존하려고 아들 다섯의 공동 명의로 상속시켜 놓았다.

솔개형

솔개형	8

솔개는 수컷의 길이가 58.5센티미터, 암컷은 68.5센티미터에 이르는 큰 새로서 한번 본 먹이는 절대로 놓치지 않을 만큼 날래고 담대하다. 또한 그 부리와 발톱은 매우 날카로워서 뱀조차도 공포에 떤다. 우리나라에는 솔개 형상의 산을 흔히 영취산(靈鷲山)이라 부

솔개 모양의 영취산 솔개형 터는 억세고 강건한 기상과 끊임없는 번영을 상징한다. 사진의 동그라미 안은 솔개의 똥구멍에 해당되는 터에 자리한 영산 신씨네 마을이다. 경남 창녕군 영산면. 1992년 촬영.

르는데 이 이름은 천축(天竺)에 있다는 불교와 관련된 산 이름에서 온 것이다. 솥개형의 터는 억세고 강건한 기상과 끊임없는 번영을 상징한다.

⌂경남 창녕군 영산면 교리(慶南 昌寧郡 靈山面 敎里) 신씨 마을

영산 신(辛)씨네가 모여 사는 교리는 솥개터라고 전한다. 마을 뒤에 있는 영취산(靈鷲山, 682미터) 꼭대기의 큰 바위가 솥개의 머리이고 양쪽으로 흘러내린 능선은 어깻죽지이다. 그리고 신씨네 종가 터는 바로 솥개 똥구멍에 해당한다. 이로 인하여 마을에서는 1950년대까지 산에서 흐르는 개울물을 길어다 먹었다. 땅을 파면 솥개 몸에 구멍을 뚫는 것이라 하여 우물을 파지 못하게 막았기 때문이다. 또 신씨네는 이 능선의 나무가 솥개 날개깃이라고 믿어서 마을 양쪽 능선에 부지런히 나무를 심었다.

물질형

반달형

반달형(半月形)	78
구름에 가린 반달형(雲中半月形)	23
구름에 가린 반달형(白雲半月形)	1
구름에 가린 달형(雲中沈月形)	1

달은 해와 더불어 우주의 운행과 인간 세상의 기본적 질서를 상징한다. 또 농경민에게 달은 생산의 근본을 이루는 모성인 동시에 풍요 그 자체이기도 하다. 우리 세시풍속이나 민속에 달에 대한 행사가 적지 않은 것도 이 때문이다.

반달형 터의 집　반달은 온달을 향해 점점 커가는 상태에 있으므로 융성하는 기운, 늘어나는 수명, 높아지는 벼슬을 나타낸다. 충남 서산군 안면도 박씨 집 안채. 1984년 촬영.

반달은 온달(滿月)을 향해 점점 커가는 상태에 있으므로 융성하는 기운, 늘어나는 수명, 높아지는 벼슬을 나타낸다. 풍수지리에서 반달터를 길지로 여기는 까닭이다.

반달터가 개인의 집터나 마을 자리뿐 아니라 도읍지로서 손꼽혔던 것도 같은 이치이다. 백제 부여의 반월성이나 신라 경주의 반월성 그리고 고구려 도읍지 평양의 반월성 등도 모두 반달이 온달이 되어 가듯 국운이 날로 융성해지기를 바라는 뜻이 담겨 있다. 또 앞에서 든 신라 4대 탈해왕이 반달터에 집을 짓고 살았던 까닭에 뒤에 왕이 되었다는 설화도 마찬가지이다. 고려 18대 이종 때 대사감(太史監) 유원도가 "백주 면산(白州免山)의 반월강(半月岡)은 실로 우리나라 중흥의 터로서 만약 이곳에 궁궐을 지으면 7년 안에 북의 오랑캐를 쳐부술 것입니다"라고 한 말에 따라 중흥궐(重興闕)과 대화전(大化殿)을 지었다는 기록도 있다.

충남 서산군 안면도(忠南 瑞山郡 安眠島) 박씨 집

이 집은 본디 충남 청양에 세웠던 것으로 1892년 현재의 자리로 걸려왔다(집을 뜯어 옮기는 것을 뜻함). 박씨에 따르면 안면도는 지네형인지라 주민들이 기와집을 짓지 못하도록 막았음에도(지네형 참조) 그의 조부가 안흥(安興) 첨사를 지낸 인물이어서 힘으로 눌렀다 한다.

1982년 당시 조사 때 그의 집은 매우 퇴락한 상태에 있었으며 경제적 여력 또한 없어 보였다. 이에 대해 주인은 "조부대에 흥왕했던 가세가 내대에 이르러 줄어든 것은 반달이 차서 온달이 되었다가 다시 반달로 돌아가는 이치와 같은 것"이라고 풀이하였다.

배형

배형(行舟形)	72
매어 놓은 배형(繫舟形)	3

배에는 많은 것을 싣는다. 어선에는 잡은 고기를, 상선에는 팔 물건을, 화물선에는 온갖 잡화를 가득 싣는다. 따라서 항해하는 배는 부귀영화를 나타낸다. 그러나 배는 물에 떠다니는 까닭에 언제나 위험이 뒤따른다. 예부터 행주형 길지(吉地)의 안전을 위해 여러 가지 금기를 지키고 특별한 시설을 해 두었던 것도 이 때문이다.

전북 고창군 흥덕(興德)읍에서는 뒷산이 배의 형국이므로 무거운 짐을 많이 실으면 위험하다고 여겨서 상류 가옥 지붕에도 기와를 못 쓰고 반드시 짚을 덮었다. 우물을 파면 배에 구멍을 뚫는 것이라

배형의 홍덕 뒷산 전북 고창군 홍덕읍 뒷산. 1993년 촬영.(위)
행주 형국도(충북 청주 부근)(오른쪽)

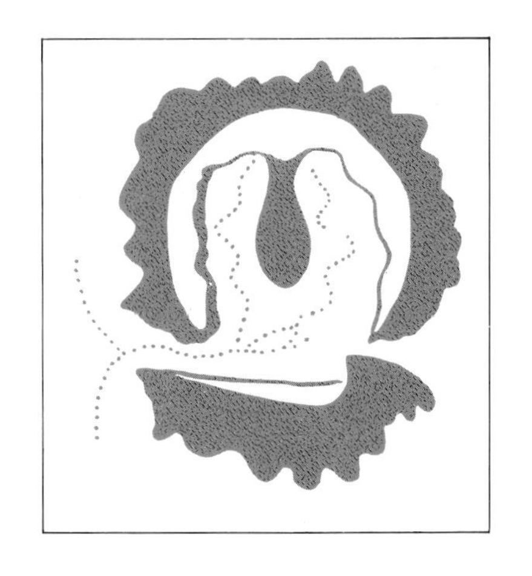

하여 이것도 경계하였다. 경북 안동시 남문 밖에 세운 철제 기둥이나 전남 나주시 동문 밖에 세운 돌탑도 배의 안정성을 도모하기 위해 마련한 돛이다.

평양시 연광정 앞 깊은 물에 닻을 내려놓았다는 말이 예부터 떠돌았다. 1923년 가뭄 때문에 물이 줄어들자 큰 쇳덩이가 나왔으며 사람들은 이것을 강가에 건져 놓았다. 바로 그해 평양에 큰물이 나서 온 시내가 물바다를 이루었다. 시민들은 배의 닻을 건져 놓은 탓이라 여긴 끝에 쇳덩이를 다시 강에 집어넣었다 한다.

경북 안동군 의인(宜仁)에서도 진또배기(솟대)를 세워서 돛대로 삼고 명주천을 잡아매어 돛으로 여겼으며 함부로 우물을 파지 못하게 막고 오직 구릉우물 한 곳만을 이용하였다. 또 강정(江亭) 뒤쪽으로 빠지는 길과 섬마을 끝 쪽으로 난 샛길을, 배를 잡아맨 밧줄이라 하였다.

고려 태조 왕건은 신라가 다시 일어서는 것을 막으려고 경주에 봉황대라는 언덕을 만들고 봉황이 먹을 샘이라는 핑계를 내세워 우물을 파 놓았다. 경주의 지형이 행주형이므로 무거운 짐(봉황대)을 싣고 이것으로도 모자라서 구멍(샘)까지 뚫어 놓은 것이다. 경주 상류 가옥 지붕 형태가 모두 맞배형인 것도 행주형 때문이라는 설이 있으나 이는 배의 음이 같은 데에서 비롯된 말일 것이다. 배를 매어 놓은 형(繫舟形)도 길지의 안정성을 도모하기 위한 것이다.

등잔형

등잔형(掛燈形)	32
벽에 걸린 옥등형(玉燈掛壁形)	15

등잔은 어둠을 밝힌다. 벽에 걸린 등잔은 더 많은 어둠을 몰아낸다. 등은 곧 불이다. 불이 잡귀를 물리친다는 민속은 우리 주위에 흔하다. 또 불은 왕성한 생명력과 복을 상징한다.

옛날 양반집에서는 불씨를 꺼뜨리지 않으려고 조심하였고 이것을 대를 이어 후손에게 물려 주었다. 새며느리는 남편 시중보다 불씨

보관에 더욱 정성을 쏟았으며 이것을 꺼뜨린 죄로 쫓겨나기도 하였다. 불씨가 꺼지면 집안이 망한다고 믿었기 때문이다. 등잔형 터에서는 세상을 크게 이롭게 할 인물이 태어나리라 한다.

⌂ 전북 부안군 상서면 청림리(全北 扶安郡 上西面 青林里) 지름골 마을이 벽에 걸린 옥등터에 자리한 까닭에 다른 곳 사람들이 부러워할 만큼 주민들이 의좋게 지내며 무슨 일에나 모범을 이룬다.

금소반형

금소반형(金盤形)	25
금소반의 옥잔형(金盤玉杯形)	8
금소반의 옥병형(金盤玉壺形)	4
금소반의 연잎형(金盤荷葉形)	1

소반에는 여러 가지 음식을 차려 놓는다. 사람은 상 위의 음식을 먹고 마심으로써 행복을 느끼고 생명을 누린다. 따라서 금소반은 부귀영화를 상징한다. 더구나 금소반 위의 옥잔이나 옥병은 금상첨화격으로 더 바랄 것이 없다. 또 소반은 우툴두툴하지 않고 바닥이 판판하다. 이것은 너른 들을 상징하며 이 터전에서 풍요로운 생산이 이루어지게 마련이다.

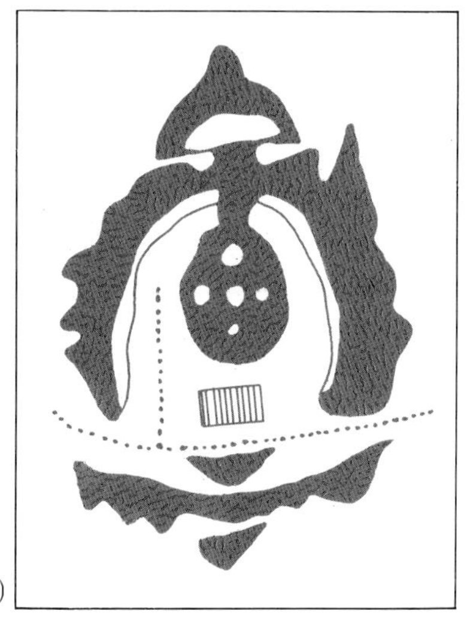

금소반 형국도(충북 단양 부근)

금소반터의 집 충북 진천군 백곡면 갈월리 이씨 집. 1992년 촬영.(맨 위)
금소반터의 집 충남 당진군 송악면 반천리 구씨 집. 1992년 촬영.(위)

⏏충청남도 당진군 송악면 반천리(忠淸南道 唐津郡 松岳面 盤川里) 구(具)씨 집

구씨 집은 마을 한복판에 세워져서 '집이 제자리에 앉았다'고 일러 온다. 주인의 증조부대에 서산 원평에서 좋은 터를 찾아 이곳으로 옮겨 왔으며 그의 조부는 일본에 유학, 제2대 민의원에 당선되었다. 아버지대에 재산이 줄고 집 또한 남에게 넘어갔던 것을 현재의 주인이 갖은 노력 끝에 다시 손에 넣었으며 '돈이 앞서가는 형편'(재산이 늘어가는)에 있다.

⏏전남 영암군 군서면 도갑리 구림(全南 靈巖郡 郡西面 道岬里 鳩林) 최씨 집

월출산(月出山) 기슭 가운데 최씨 집터(875평)가 제일 너른 까닭에 금반지처(金盤之處)라 일러 온다. 이 터에서 위대한 인물이 태어나리라 기대하는 최씨네는, 안채의 작은방에서 며느리가 몸을 풀도록 하였다. 이 방의 밑 땅에서 세모래가 나왔는데 이것은 풍수에서 말하는 혈식군자지처(血食君子之處)에 해당하기 때문이다. 최씨는 아들들이 집을 함부로 처분하는 것을 막으려고 집과 터를 그의 여섯 아들의 이름으로 미리 상속시켜 놓았다.

⏏전북 장수군 산서면 오산리(全北 長水郡 山西面 五山里) 권씨 집

서울에서 옮겨 온 권씨의 10대조는 오산리가 금소반 위의 옥잔형이라는 풍수의 말에 따라 이곳에 자리를 잡았다. 권씨는 칠봉산(七峰山)에서 흘러내려온 혈맥이 안채 서쪽의 삼나무가 서 있는 곳으로 뭉쳐들어 처음에는 부자로 살다가 뒤에 높은 벼슬(初富後貴)을 누리게 될 것이라 믿는다.

⏏경기도 여주군 흥천면 외사리(京畿道 驪州郡 興川面 外絲里)

금소반의 명당이 있다는 소문이 돌아서 충청남북도와 강원도 일대에서 많은 사람들이 이주해 왔다. 이곳은 본디 30여 호에 지나

지 않는 작은 마을이었으나 1929년 당시에 110여 호의 큰 마을로 불어났다.

구유형

구유는 마소에게 여물을 담아 주는 그릇이다. 따라서 이것은 사람의 밥상과도 같다. 김이 무럭무럭 오르는 여물을 씹으며 집짐승은 더없는 행복을 누리게 마련이다.

⌂전북 고창군 성내면 조동리(全北 高敞郡 星內面 槽東里) 황씨 집

이 집은 전북의 큰 유학자였던 이재(頤齋) 황윤석(黃胤錫;1729~1791년)의 생가이다. 황씨네는 본디 정읍군 산외면에서 살았으나 어떤 도사가 지금의 터를 잡아 주었다.

구유형 터의 집 전북 고창군 성내면 조동리 황씨 집 안채. 비록 초가이나 7칸 반에 이르는 큰 집이다. 1993년 촬영.

글을 읽던 이재의 부친이 사랑 밖의 인기척을 듣고 나가 보니 어린 소년이 마루 아래 엎드려 있었다. 그는 소년의 옷을 갈아 입히고 먹을 것을 주었으며 글을 가르쳤더니 매우 빠르게 깨우쳤다. 15살 되었을 때 홀연히 자취를 감추었던 소년은 15년 뒤 다시 나타나서 은혜 갚음으로 지금의 집터를 잡아 주었다는 것이다. 또 이 집의 터는 구유형이어서 우물을 파지 못하고 200여 미터 떨어진 공동 우물의 물을 길어다 쓰다가 1960년경 펌프 시설을 하였다.

띠형

바람에 날리는 비단 띠형(風吹羅帶形)	9
네 쌍 금띠형(四雙金帶形)	1
금띠형(金帶形)	1

꿈에 허리띠를 두르면 벼슬에 오르고 띠가 저절로 풀리면 만사가 형통한다.

띠는 중요한 제사나 의례를 상징한다. 신라 신문왕이 천지가 뒤집히는 듯한 7일 동안의 풍우 끝에 동해에서 용이 바치는 검은 옥띠를 받았다. 이를 살펴본 태자가 이 옥띠의 여러 쪽이 모두 진짜 용이라 하자 왕이 한쪽을 떼어 시냇물에 넣었더니 곧 용이 되어 하늘로 올라가고 그 땅은 못이 되었다. 신라 진평왕이 즉위하던 해 천사가 내려와 '상황의 옥띠'를 전하였다. 왕은 큰 제사 때 반드시 이것을 띠었으며 이 띠와 황룡사 장륙존상(丈六尊像) 그리고 황룡사 9층탑은 신라의 세 가지 보배가 되었다. 고구려가 신라를 치지 못한 것도 이 세 가지 보물 때문이다.

'바람에 날리는 비단 띠'는 조정의 귀인이 관복 위에 걸친 띠가 바람에 나부끼는 형상을 나타낸 것으로 자손이 높은 벼슬에 올라 부귀공명을 누린다는 뜻이다. 네 쌍의 금띠도 같은 내용이다.

바람에 날리는 비단 띠 형국도
(경남 남해 부근)

강원도 강릉시 대전동(江原道 江陵市 大田洞) 이씨 집터

강릉시 사주산(四柱山)의 하나인 태장봉(胎藏峰) 부근의 이씨 집터는 이율곡의 이모부인 권처균(權處均)의 증조 권련(權漣)이 잡은 것으로 그 내력은 다음과 같다.

눈이 많이 내리는 날 개가 앞산을 향해 하루 종일 짖더니 큰 눈덩이가 집 안으로 굴러들었다. 그 속에서 나온 늙은 중은 산마루에서 술이 취해 잠이 들었다가 깨어 보니 눈이 많이 쌓여 헤매었노라며 쉬어 가기를 청하였다. 결국 그는 겨울을 이 집에서 지냈다.

봄이 되자 그는 좋은 집터를 잡아 주겠노라면서 이웃의 행정(杏亭)터를 가리키며 상량 및 입주 일시까지 지정한 다음 3년 안에 집안이 일어나리라 하였다. 그리고 자신은 십 년 뒤 다시 올 터이니 그때까지 집을 더 짓거나 개축하지 말라고 일렀다.

권씨가 입주하는 날 밤 매 한 마리가 집 앞 나무에 앉아 떠나지 않아서 주인을 찾는 광고를 내었다. 여러 달 뒤 나타난 매주인이 삼천 냥을 내자 권씨가 거절했으나 듣지 않았다. 결국 권씨는 그 돈으로 논밭을 사서 부자가 되었고 8년 뒤에는 곡식을 쌓아 둘 창고가 모자라 집을 늘렸다. 10년 뒤 중과 약속한 날 잠시 출타했던 권씨가 집에 돌아오니 부인은 중이 사랑에서 기다린다고 하였다. 그러나 방문을 열자 아무도 없고 다음 글귀가 벽에 쓰여 있을 뿐이었다.

"앉은 산은 문을 싸고 돌고 줄기찬 물은 집터로 흘러드네. 혈은 용의 입술, 턱 옆에 있고 네 쌍의 금띠는 높고 높구나(坐山趨進擇門回 旺水隨流入局來 穴在龍脣頴不側 四雙金帶世崔嵬)" 급히 중을 찾아 나선 권씨는 결국 간성의 건봉사(乾鳳寺)까지 따라갔다. 마당을 쓰는 이에게 물으니 대사(大師)를 뵈려면 법당으로 가라는 대답이었다. 법당에는 빙그레 웃는 모습의 부처님이 앉아 있을 뿐이었다.

가마솥형

가마솥형	8
엎어 놓은 솥형(伏釜形)	3

솥은 살림살이의 대표적 용구로서 때로는 살림 자체를 나타낸다. 집을 새로 짓거나 이사할 때 부뚜막에 솥부터 걸어서 살림살이의 시작으로 여긴다. 시집 온 새색시가 가마에서 내리면서 엎어 놓은 소댕을 밟았던 것은 '무쇠처럼 튼튼해서 탈이 나지 말라'는 뜻말고도 앞으로 일생 동안 밥을 지으며 살 사람과 솥과의 상견례이기도 하였다.

솥은 만족과 새로운 희망을 상징한다. 부여를 치러 가던 고구려

대무신왕(大武神王)은 어떤 여인이 솥을 가지고 노는 것을 보고 가까이 갔더니 여인은 사라지고 솥만 있었다. 이 솥에 쌀을 안치자 불을 때기도 전에 밥이 익어 군사들을 배불리 먹였다.

솥은 신령에게 제물을 바치는 제기로도 썼으며 앞으로 다가올 재앙을 알려 주는 신통력이 있다고 믿었다. 무덤 풍수에서도 솥을 엎어 놓은 모양의 땅에 조상의 묘를 쓰면 반드시 부귀를 누린다고 한다.

경남 창녕군 이방면 초곡리(慶南 昌寧郡 利房面 草谷里) 솔티미

이 마을은 주위의 산이 병풍처럼 둘러 있어 마치 가마솥에 들어앉은 것처럼 안온하고 화평한 느낌을 준다. 난리 때에도 사람이 다치지 않는 것은 이와 같은 지형의 덕이라 한다.

조리형

쌀을 이는 데 쓰는 조리는 부의 상징으로 여겨 왔다. 복조리라 하여 정월 초하룻날 새벽에 누구보다도 먼저 이것을 사서 엽전 몇 닢을 담아 대청이나 안방 머리에 걸어 둔 것도 조리가 재운을 불러주리라 믿었기 때문이다. 또 이것을 살 때 값을 깎으면 복을 그만큼 더는 것으로 생각하여 부르는 대로 주었다. 해가 지나 새 조리를 사는 경우, 헌것을 버리지 않고 덧걸어 두는 것도 같은 이치이다. 한편 조리는 한번 엎으면 정성껏 걸러 낸 쌀이 모두 없어지므로 재산의 탕진을 의미하는 경우도 있다.

경북 경산군 용성면 곡란동(慶北 慶山郡 龍城面 谷蘭洞) 최씨 집

이 집은 매와 용 그리고 쌀을 이는 조리와 연관이 깊다. 최씨 집 앞의 용산(龍山, 435미터)은 본디 모양이 매와 비슷해서 매봉으로 불렀으나 이 산에 살던 구렁이가 승천한 뒤로 용산으로 바뀌었다. 용산이 이곳에 있게 된 것은, 어떤 이가 꼬챙이 끝에 산을 꿰어서

걸어가는 모습을 보고 마을 사람이 '산이 걸어간다'고 소리치자 놀라 떨어뜨린 때문이라고 한다. 이 산줄기가 최씨 집터를 향해 뻗어 내려왔는데, 줄기는 조리 자루이고 집터는 조리 바닥에 해당한다. 이 때문에 최씨 집에서는 한 대에서는 재산을 모으고 다음 대에서는 모두 써 버리는 과정을 되풀이해 왔다는 것이다.

전남 진도군 임회면 남동리(全南 珍島郡 臨淮面 南東里) 설등마을

집들이 마을 회관에서 서쪽으로 약간 흘러 떨어진 곳에 자리해서 조리형 터라 하나 좋은 터라 여기지는 않는다.

금가락지형

금가락지터(金環落地形)	1
금비녀터(金簪落地形)	3
벽에 걸린 금비녀형(金簪掛壁形)	1
금비녀터(金釵形)	1

가락지는 여성의 대표적 장신구로서 꿈에 가락지를 보면 딸을 낳는다고 한다. 가락지는 여성의 전유물인 동시에 보물이요 재산이고 여성 자체를 나타낸다. 우리네 설화에는 가계를 계승하는 상징 내지 인간과 인간을 맺어 주는 수단으로도 등장한다. 그리고 여성은 곧 다산(多産)을 의미하므로 금가락지나 금비녀들은 부귀영화를 예고하는 징표가 된다. 더구나 금은 악귀를 물리치고 재운을 불러들이는 물질인 만큼 집터나 마을터로서 이상적인 지형이라 하겠다.

금가락지터로 널리 알려진 곳은 전남 구례군 토지면(全南 求禮郡 土旨面)의 오미리(五美里)와 금내리(金內里) 일대로서 현지에서는 구만들(九湾坪)이라 부른다.「비기(秘記)」에 이곳 어딘가에 금거북

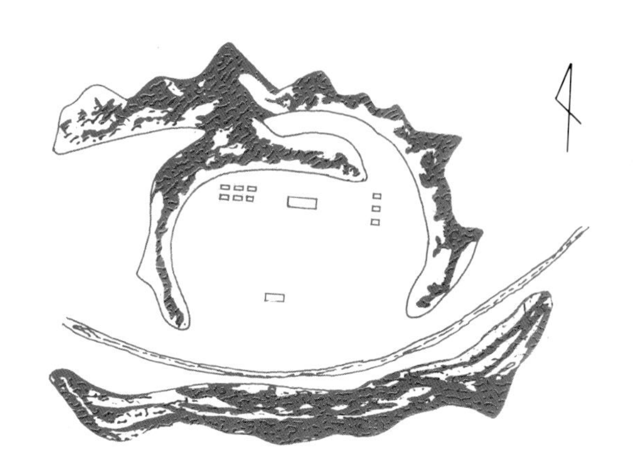

금가락지 형국도(전남 구례군 토지면 오미리)

터, 금가락지터, 다섯 보물터(五寶交聚)의 세 명당이 있다고 일컬어 왔던 바 이 가운데 금가락지터를 유씨네에서 차지하고 부귀를 누린 사실이 알려지자 나머지 두 터를 차지하려고 구한말 무렵부터 많은 사람들이 몰려들었으며 이 때문에 다른 곳의 땅값이 내릴 때에도 이곳만은 오히려 오르는 현상이 나타났다. 외지 주민들이 들고난 사실을 구체적으로 살펴보면 다음과 같다.

내죽(內竹)과 하죽(下竹) 그리고 오미(五美)의 세 동으로 이루어진 오미리의 경우 1890년 호구 조사 당시 61가구에 인구는 176명이었으나 1991년 현재 142가구, 503명으로 늘어났다. 또 이 마을 호적에 오른 총212호 가운데 이미 외지로 옮겨간 가구가 177호로서 인구의 이동이 매우 빈번했던 것이다. 앞의 212호 가운데 39퍼센트(79가구)는 외지 주민이고 이미 옮겨간 117가구도 마찬가지일 것으로 생각된다.

금가락지터의 집 금은 재운을 상징하므로 풍수에서 금가락지터를 이상형으로 여긴다. 전남 구례군 토지면 오미리 유씨 집 사랑채(위)와 대문 위에 걸어 놓은 말뼈(왼쪽). 1971년 촬영.

금내리의 경우도 이와 비슷해서 주민의 68퍼센트는 명당을 찾아 외지에서 들어온 사람들이다(김정호「천하명당 금환락지」향토문화진흥원, 1992 참조). 따라서 오미리나 금내리 사람들은 자기네 집터가 금가락지터이거나 다섯 보물터로 믿고 내일을 기대한다.

1928년 순천에서 오미리로 들어온 박씨는 돌담장도 금가락지처럼 둥글게 쌓았으며 덕을 베풀어야 집터의 복을 누릴 수 있다고 믿어서 어려운 이웃을 위해 많은 쌀을 내었다. 심지어 1968년에도 명당을 찾아 토지면 용두리(龍頭里)로 들어온 사람이 있으며 그는 1984년부터 자기 집터에서 운이 뻗쳐 오를 것이라고 믿고 있었다. 이 일대에도 많은 사람들이 몰려들어서 1890년 당시에는 주민이 91명(33호)에 지나지 않았으나 광복 직전에는 425명으로 늘어났으며 1971년에는 100가구에 584명이 거주하였다.

붓형

붓형(筆形)	3
필통형(筆筒形)	2
연적형(硯滴形)	1

붓, 필통, 연적은 종이와 더불어 선비의 필수품인 문방사우로서 특히 붓은 학문 또는 벼슬을 나타낸다. 첫돌상에 차려 놓은 것 가운데 아이가 처음에 붓을 잡으면 장차 학문에 힘을 써서 큰 벼슬자리에 오른다고 믿는다. 또 붓의 끝이라는 의미의 필두(筆頭)라는 말은 어떤 단체나 동아리의 주장되는 사람을 가리키며 여럿을 들어 말할 때의 맨 처음 차례를 이르는 말로도 쓰인다. 필통이나 연적도 붓과 더불어 큰 문장가나 위대한 학자 또는 높은 벼슬의 뜻을 지닌다.

충남 아산군 송악면 외암리(忠南 牙山郡 松岳面 巍岩里) 이씨 집

외암리라는 마을 이름은 이곳에 처음 들어와 자리를 잡은 이간(李柬;1677~1727년)의 호에서 왔다. 그는 강문팔학사(江門八學士)의 한 사람으로 인(人), 물(物)의 성(性)은 모두 같다는 인물동성론을 학문의 근본으로 삼아 낙론(洛論)을 형성하였으며 글씨로도 이름이 높았다. 순조 때 이조 판서에 추증되었고 온양의 외암서원에서 제사를 받들고 있다.

이 집터가 필통형인 까닭에 이간의 뒤를 이어 학자들이 많이 나왔다. 그 가운데 대표적 인물이 그의 6대손인 이정렬(李貞烈;1868~1950년)로 그는 고종 때 규장각 부제학을 지냈다.

필통형 터의 집 선비의 필수품인 붓이나 필통, 연적 등은 벼슬이나 학자를 뜻한다. 충남 아산군 송악면 외암리 이씨 집 대문으로 범(虎)과 용(龍)자를 써 놓았다. 1976년 촬영.

제주도 북제주군 조천면 조천리 하동(濟州道 北濟州郡 朝天面 朝天里 下洞)

이 마을에서 큰 인물이 많이 난 것은 앞바다의 대섬(竹島)이 연적을 닮았기 때문이다. 또 한라산의 정기는 모두 이 조천으로 흘러내렸다고 한다.

비단형

달빛 아래 펼친 비단형(浣紗明月形)	1

비단을 밝은 달빛 아래 깔아 놓은 터에서는 세상에 이름을 날리는 자손이 많이 나오리라 한다.

경북 안동군 임하면 내앞(慶北 安東郡 臨河面 川前洞) 김씨 집

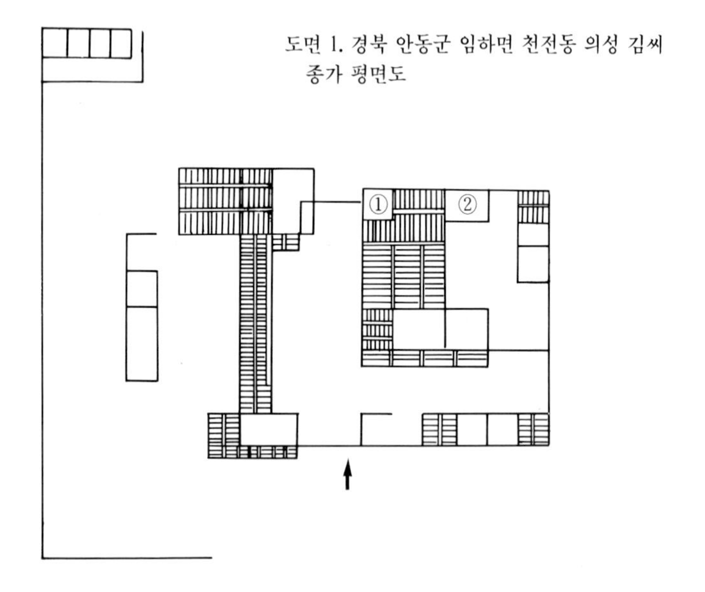

도면 1. 경북 안동군 임하면 천전동 의성 김씨 종가 평면도

달빛 아래 펼친 비단형 터의 집 세상에 이름을 날리는 자손이 많이 나온다는 비단형 터에 자리잡은 경북 안동군 임하면 내앞 김씨 집을 국도 쪽에서 바라보았다(위).
김씨 집의 모든 지기(地氣)가 뭉쳐 있어 훌륭한 인물이 많이 태어난 산방을 마루에서 바라보았다(왼쪽). 1992년 촬영.

김씨 집터는 경북 경주군 강동면 양동리(慶北 慶州郡 江東面 良洞里)의 손씨 집, 안동군 풍산면 하회동(安東郡 豊山面 河回洞) 그리고 봉화군 봉화면 유곡리(奉化郡 奉化面 酉谷里)와 더불어 삼남(三南)의 사대 길지(四大吉地)라 일컬어 온다.

이 집은 의성 김씨네의 중흥조인 진(璡;1500~1581년)이 다른 곳에서 옮겨 와 살게 되면서 그의 아들 다섯이 모두 대소과(大小科)에 급제하여(金誠一;1538~1593년, 金復一, 金克一, 金守一, 金明一) 그 자신을 포함, 육부자(六父子) 등과지처(登科之處)로 널리 알려졌다. 그런데 그는 후손에게 "대청에서 담 밖으로 지나가는 이의 갓 꼭지가 보이는 때가 되면 땅의 정기가 다 빠진 것이므로 다른 곳으로 이사하라" 이르고 강원도 명주군 구정면(邱井面) 금광평(金光坪)에 집터를 마련해 두었다. 근래에 이르러 집 앞 가까이 국도가 생기는 등 큰 변환이 일어나자 자손들은 그의 예언이 들어맞았다고 한다.

「증수 임영지(增修 臨瀛誌)」에는 금광평에 대한 다음의 설명이 있다.

"칠성산(七星山) 밑 금광평은 주민의 소유로 주위가 수십 리이고 좌우에 촌락과 전답과 분묘가 많으며 마을 사람들이 솔을 심어서 숲을 만들었다. 지금부터 80, 90년 전 갑오년(甲午年)에 안동의 김연수(金鍊壽)가 그의 선조 김진(金璡)이 보아 둔 땅이라 일컬으며 우격다짐으로 전답을 뺏으려 들었다. 그때 정낙기(鄭洛基) 등 백여 명이 연명(連名)으로 아홉 차례에 걸쳐 억울함을 호소하여 관찰사 이종우, 어사 이경호가 이를 막았다.……1925년에 임야 구분 사정(査定)을 할 때 또 김진의 후손 김병식이 나타나 금광평 위쪽에 있는 삼림을 뺏으려 들었으나 군수와 면장 등이 막고 주민들의 소유로 돌려 놓았다. 1928년 9월 3일의 일이다."

한편 김진의 15대 손이자 현재의 주인인 김시우(時雨)는 조상이 잡아 놓았다는 터에 정자라도 지을 셈으로 해방 전 목재까지 마련하고 현지 답사를 여러 차례 하였으나 결국 곡(谷)자 모양의 혈을 찾지 못해 뜻을 못 이루었다. 김씨는 현재의 집이 일월산(日月山) 끝자락인 까닭에 6·25 당시 빨치산이 들끓어서 금광평으로 이사할 마음도 먹었으나 지금은 그 생각을 버렸다.

이씨집 뒷산 형국은 잉어형이어서 연못을 파 놓았다. 김씨네는 집의 지기(地氣)가 도면 1의 ①에 뭉쳐 있다고 믿은 나머지 해산을 이 방에서 하였으며 이름도 '산방(産房)'이라 불렀다. 대소과에 급제한 앞의 다섯 인물들이 모두 이 방에서 태어난 것은 물론이다. 그런데 진(璡)의 11대 후손인 방렬(邦烈)은 영천의 영일(迎日) 정씨네로 시집을 갔던 딸이 산방에서 둘째 아들을 낳게 되자 그 뒤로 방을 헐고 바닥에 마루를 깔아 대청의 일부로 만들어 버렸다. 그는 남의 가문에 출가한 딸이 이 방에서 아이를 낳으면 자기 집의 정기를 잃게 된다고 여긴 것이다. 따라서 그의 딸은 셋째 아들을 북방(北房, 도면 1의 ②)에서 낳을 수밖에 없었는데, 그의 예상대로 산방에서 태어난 첫째와 둘째 아들은 대과에 급제하였고 죽은 뒤에 불천위(不遷位)의 영예까지 누렸으나 북방에서 출생한 셋째 아들은 평범한 일생을 보냈다는 것이다.

김씨는 친정(대구)에서 해산한 맏며느리가 첫딸을 낳자 뒷일이 걱정되어 없앴던 산방을 다시 만들고 해외에 근무하는 아들이 휴가를 얻어 돌아올 때마다 내외를 이 방에서 머물게 하였다. 그 결과 1985년에 태어난 둘째는 아들(18대손)이었다.

식물형

매화형

매화 떨어진 터(梅花落地形)	97
활짝 핀 매화형(梅花滿發形)	2

매화는 사랑을 상징하는 백 가지 꽃 가운데에서도 으뜸으로 친다. 또 매화는 만물이 추위에 떨고 있을 때 가장 먼저 피어서 봄이 왔음을 알려 주는 희망의 꽃이다. 조선조 선비들은 이것을 불의에 꺾이지 않는 선비 정신의 표상으로 삼아 지극히 사랑하였다. 매화는

매화 떨어진 터의 집 많은 씨를 퍼뜨리는 매화는 다산과 풍요를 상징하여 길지로 여긴다. 경북 영천군 임고면 삼매동 정씨 집. 1971년 촬영.

절개와 고고한 기상을 나타내며 한때를 앞서는 선구자의 영혼에 비유되기도 한다. 많은 씨를 퍼뜨리는 매화를 일반에서는 다산과 풍요의 상징으로 삼았으며 회화, 도자기, 나전칠기 등의 공예품의 장식에 많이 썼다. 매화꽃이 떨어진 터가 길지인 것은 당연한 일이기도 하다.

⌂ 경북 영천군 임고면 삼매동(慶北 永川郡 臨皐面 三梅洞) 정씨 집

이 집 뒷산이 매꽃 떨어진 형이고 앞산은 이를 찾아드는 나비 형상이며 집터는 매화의 술이라 한다.

연꽃형

물에 뜬 연꽃형(蓮花浮水形)	40
물에 이른 연꽃형(蓮花到水形)	38
반쯤 핀 연꽃형(蓮花半開形)	2
물에 이른 연잎형(蓮葉到水形)	1
이슬 머금은 연꽃형(蓮花含露形)	1

연꽃은 불교의 교리를 상징하지만 씨주머니에 많은 씨앗이 들어 있어서 민간에서는 풍요와 다산으로 여긴다. 그림이나 자수, 양탄자 등에 그려진 연꽃은 풍요를 나타내고 부인의 의복에 수놓인 연꽃은 다산을 의미한다. 또 이 꽃은 물 위에 뜰 무렵의 향기가 가장 좋고 아름다워서 물에 뜬 연꽃너를, 원만한 인격을 갖춘 고귀한 인물이 태어나 화려한 생애를 보낼 길지라 한다. 연꽃은 더러운 곳에서도 항상 맑은 본성을 잃지 않는 까닭에 청정함, 순수함, 완전무결함을 나타낸다. '연꽃은 흙탕물에서 핀다'는 속담은 미천한 집에서 훌륭한 인물이 태어나거나 어려운 환경을 극복하고 높은 뜻을 이룬 경우를 이른다.

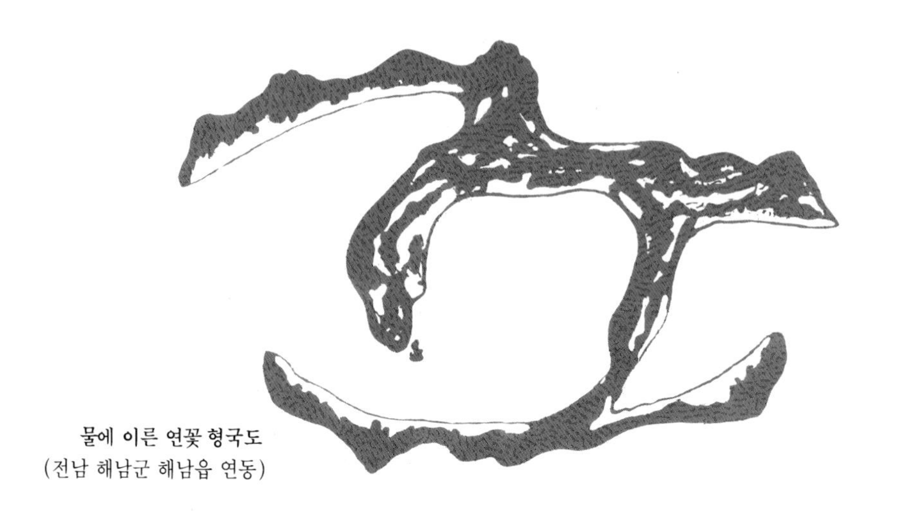

물에 이른 연꽃 형국도
(전남 해남군 해남읍 연동)

⌂경북 안동군 풍산면 하회동(慶北 安東郡 豊山面 河回洞)

물에 뜬 연꽃형으로 이루어진 대표적인 마을이다. 낙동강 물줄기가 이 마을을 휘감아 안고 흘러서 그 이름조차도 물돌이동(河回洞)이다. 마을과 물이 수태극(水太極)과 산태극(山太極)을 이루었다는 말도 이에서 비롯되었다. 이처럼 물이 마을을 휘감아 흐르는 가운데 마을 중앙부가 갓이나 대접을 엎어 놓은 것처럼 봉긋 솟아올라서, 멀리서 보면 연꽃이 물 위에 뜬 모양 그대로이다.

이 마을에서 태어난 대표적 인물은 서애(西厓) 류성룡(柳成龍; 1542~1607년)이다. 그는 대사헌, 병조, 예조, 이조의 판서를 거쳐 우의정과 좌의정에 올랐다. 1592년 임진왜란이 일어나자 도체찰사(都體察使)에 뽑혀 군무(軍務)를 총괄하였으며 이순신, 권율과 같은 명장을 등용, 난을 평정시키는 일에 힘을 기울였다. 그는 도학, 문장, 덕행, 글씨가 모두 뛰어나 이름을 떨쳤고 특히 영남 유생들의 추앙을 받았다. 안동의 호계서원(虎溪書院)과 병산서원(屛山書院)에서 제사를 받들었다.

하늘에서 본 하회마을 마을을 휘감아 안고 흐르는 태극꼴 물줄기가 뚜렷하다. 하회마을은 마을 중앙부가 갓이나 대접을 엎어 놓은 것처럼 봉긋 솟아올라서 멀리서 보면 연꽃이 물 위에 뜬 모양이다.

한편 서애의 형인 류운룡(柳雲龍;1539~1601년)도 유능한 관리로 이름났으며 임진왜란 때 풍기 군수로서 적을 무찔렀다. 벼슬은 원주 목사에 그쳤으나 죽은 뒤 이조판서직을 받았다. 풍기의 우곡서원(愚谷書院)에서 제사를 받든다.

물돌이동을 남쪽의 부용대에서 바라보면 물 위에 떠 있는 듯한 느낌을 주기 때문에 행주형(行舟形)이라 일컫기도 한다. 따라서 이 마을에서는 샘을 파지 않고 화천의 물을 길어 먹었으며 오늘날에도 이 물을 양수기로 끌어 올려 식수로 쓴다. 샘을 파는 것은 배에 구멍을 뚫는 행위와 같다고 믿기 때문이다.

'허씨 터전에 안씨 문전에 류씨 배반(杯盤)'이라는 말처럼 처음에는 허씨와 안씨네가 터를 잡았으나 뒤에 들어온 류씨네에 밀려나고 말았다. 허씨네와 안씨네 터인 거묵실골과 행개골은 양태극의 꼬리 부분에 해당하고 유씨네 터는 태극의 머리 부분인 까닭에 머리가 움직일 때마다 꼬리도 따라 움직일 수밖에 없어 그렇게 되었다고 한다.

풍산 류씨들이 이 마을에 터를 잡게 된 것은 서애 류성룡의 8대조이자 고려조의 도염서령(都染署令)직에 있던 류난옥(柳蘭玉) 때부터이다. 그가 풍수에게 명당을 조르자 3대를 이어 덕을 베풀어야 길지를 얻으리라는 대답이었다. 류난옥은 마을 밖에 관가정(觀稼亭)을 짓고 나그네에게 적선을 베풀었으며 그 뒤 2대에 걸쳐 이를 계속하였다는 것이다.

이와 비슷한 이야기가 하나 더 있다. 류난옥이 처음 들어와 집을 지었으나 도중에 자꾸 무너졌다. 지나던 도사가 "이 터를 꼭 가지려면 3년 간 적선을 하라"고 이르자 큰 고개에 정자를 짓고 큰 가마솥에 밥을 지어 주민과 나그네에게 먹였다. 그 끝에 지은 것이 지금의 양진당 사랑채 일부라 한다.

이 마을은 중요민속자료 제122호로 지정되었다.

버들형

물에 이른 버들형(楊柳到水形)	2
버들꽃 떨어진 터(楊花落地形)	2

물가 어디서나 잘 자라는 버드나무는 줄기찬 생명력을 상징하고 칼처럼 생긴 버드나뭇잎은 장수 또는 무기의 뜻을 지닌다. 경북 의성군 신지못에 얽힌 다음의 전설이 있다.

장사가 태어났다는 소문을 들은 관군이 그 어머니에게 아기를 내놓으라 다그치자 겁에 질린 나머지 신지못에 넣었다고 털어 놓았다. 관군이 못둑의 버드나뭇잎을 세 번 훑어서 못에 던지자 물이 갈라지면서 갑옷을 입은 장군이 일어서려고 꿈틀대어서 관군이 죽였다는 것이다.

버들잎은 잡귀를 물리친다. 학질에 걸린 경우 나이 수대로 버들잎을 따서 봉투에 넣은 다음 '유생원댁(柳生員宅) 입납(入納)'이라고 써서 큰길에 버리면 이를 밟거나 줍는 사람에게 학질이 옮아 간다고 한다.

물과 버드나무는 상생(相生) 관계에 있으므로 마을터나 집터로서 이상적이라 하겠다. '버들꽃 떨어진 터'는 매화낙지를 본뜬 말이다.

⌂ 전북 장수군 산서면 오성리(全北 長水郡 山西面 五星里) 방화(訪花)마을

이 마을에 버들꽃 떨어진 명당이 있다고 전하나 구체적인 자리(穴)가 어디인지 아직 아무도 모른다.

인물형

신선형

춤추는 신선형(仙人舞袖形)	24
책읽는 신선형(仙人讀書形)	16
구름 속의 신선형(雲中仙坐形)	3
바둑 두는 신선형(仙人觀碁形)	3
구름에 노는 신선형(仙人雲遊形)	2
피리 부는 신선형(仙人吹笛形)	2
소탄 신선형(老仙騎牛形)	1
들에 노니는 선인형(仙人野遊形)	1
거문고 타는 선인형(仙人彈琴形)	1
띠맨 선인형(仙人膰帶形)	1
술취해 누운 선인형(仙人醉臥形)	1

선인은 도들 닦아서 늙지 않고 오래 산다는 상상의 인물로서 흔히 신선이라 이른다. 신선을 민간 신앙의 하나로 믿고 장생불사를 누리는 곳으로 승천하기를 바라며 봉래, 방장, 영주의 삼신산과 27계급의 선인을 그리던 신선설이 있었고, 이것은 뒤에 노자 사상과 맺어져서 도교로 발전하였다. 선인과 관련된 터에서 태어난 인물은 다함없는 수명과 유유자적하는 화평과 세상을 꿰뚫어 보는 지혜를 갖춘 것으로 여긴다.

⌂ 제주도 북제주군 애월읍 상좌리(濟州道 北濟州郡 涯月邑 上坐里) 김씨 집

이 집은 바둑 두는 신선터에 자리한 까닭에 대대로 태평을 누리며 살아왔다. 제주도에서 크고 작은 사건이 많이 일어났으나 아무도 피해를 입지 않았다고 한다.

옥녀형

거문고 타는 옥녀형(玉女彈琴形)	75
비단 짜는 옥녀형(玉女織錦形)	58
머리 푼 옥녀형(玉女散髮形)	45
단정히 앉은 옥녀형(玉女端坐形)	8
금소반 든 옥녀형(玉女金盤形)	3
춤추는 옥녀형(玉女舞裳形)	3
옥녀개화형(玉女開花形)	1
소반 든 선녀형(仙女奉盤形)	1
옥녀족집게형	1
잔 올리는 옥녀형(玉女獻杯形)	1
세상에 온 옥녀형(玉女下降形)	1
하늘에 오른 선녀형(仙女登空形)	1
거문고 타는 선녀형(仙女彈琴形)	1

옥녀는 몸과 마음이 옥처럼 깨끗한 여인이다. 우리나라 각지에 옥녀봉이라는 이름의 봉우리들이 적지 않은데 이들은 절세의 미인(평북 맹산, 충북 진천)으로, 마을의 수호신(충남 서산)으로, 남녀합궁의 뜻(남해안 일대)으로 등장한다.

옥녀는 본디 도교에 등장하는 인물로 옥황상제(玉皇上帝)와도 관련이 깊다. 경남 거제의 옥녀봉에 관해 옥황상제의 옥녀가 내조암 약수터에 내려와 사슴과 더불어 놀다가 목욕하였다는 전설이 전하는 것으로 미루어 옥녀는 선녀와 같은 존재로 보인다. 옥녀는 절세의 미인인 동시에 풍요와 다산을 나타내는 표상이기도 하다.

전남 보성군 낙안읍(全南 寶城郡 樂安邑)

옥녀가 머리를 푸는 것은 화장을 해서 단정한 용모를 갖추기 위해서이다. 따라서 이 고을에서는 미인이 부러워하는 자리에 오르는

낙안 마을의 진산인 금전산 전남 보성군 낙안읍. 1993년 촬영.(맨 위)
머리빗 모양의 낙안 옥산 전남 보성군 낙안읍. 1993년 촬영.(위)

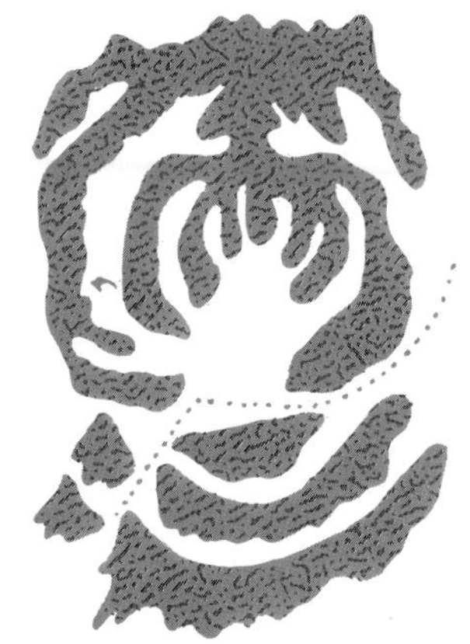

옥녀개화 형국도(위)
머리 푼 옥녀 형국도(경기도 장단 부근)(오른쪽)

인물이나 여러 사람의 주목을 받는 재자가인(才子佳人)들이 많이 나오리라 한다.

머리 푼 옥녀형의 경우 안산으로는 빗모양의 산을, 오른쪽으로 거울 모양의 산을 그리고 왼쪽에는 분갑(粉匣)과 기름병 형태의 산을 거느리면 더욱 좋다.

⌂ 평북 강계읍

강계읍의 지형(玉女開花形)은 평안북도에서 으뜸가는 길지로 손꼽아 온다.

남천(南川)과 북천(北川)이 주산(主山)인 남산(南山)을 감돌아 흘러 독노강(禿魯江)에서 합치며 이 강 건너에 독산(獨山)이 마주서 있다. 전설에는 남산의 형상이 여성의 성기를 닮은 데다가 독산이 이를 향해 남성의 그것처럼 우뚝 솟아서 남산의 활력이 영원히 끊이지 않는다고 한다. 이 고장이 다른 곳보다 번영한 것은 바로 이 때문이며 여성의 기운 또한 세다고 한다.

⌂ 전북 익산군 금마면 산북리 내산동(全北 益山郡 金馬面 山北里 內山洞)

서쪽의 미륵산과 동쪽의 용화산 사이에 위치한 산간 마을로서 이곳에서 바라보이는 미륵산은 여성의 생식기를 닮았다. 따라서 옥녀개화형이나 옥녀만개형으로 불러야 마땅하나 미륵산이 워낙 유명한 까닭인지 연화반개형(蓮花半開形)이라 일러 온다.

장군형

마주 앉은 장군형(將軍對坐形)	78
칼찬 장군형	1

마주 앉은 장군형은 두 개의 험준한 봉우리가 마주 서 있는 형세를 이르는 말이다. 이러한 곳은 군사 전략상 방어에 유리한 지역으로 평화와 안정을 희구하는 사람들에게 길지로 비쳐졌을 것이다. 우리는 역사에 기록된 것만도 천 번 이상이나 이민족의 침략에 시달려 왔던 까닭에 피난처를 이상적인 주거지로 생각해 온 것이 사실이다.

⌂ 제주도 북제주군 성읍(濟州道 北濟州郡 城邑)

이 마을은 한라산에서 흘러내린 맥이 서쪽으로 휘어들어 왼쪽의 영주산에 이르고 오른쪽의 설오름과 갑선이오름으로 이어진다. 또 읍 맞은편에는 남산봉을 중심으로 아심선이와 본지오름이 둘러서서 마치 삼태기 안에 들어앉은 듯한 느낌을 준다.

마을 서쪽과 마을 안 외대문 자리에 군막의 말뚝을 박았던 돌이 있으며 동헌 자리가 바로 장군이 앉은 터라고 한다.

문자형(文字形)

야자형(也字形)	6

야자는 문장을 끝맺는 마지막 글자이므로 이 터에서는 뛰어난

야자형 터의 집 문장을 끝맺는 글자인 야(也)자형 터에서는 문장가가 태어난다고 한다. 전북 김제군 월촌면 장화리 정씨 집 사랑채. 1977년 촬영.(위)
야자 형국도(경남 함안 향교터)(오른쪽)

문장가가 태어날 것이라 여긴다. 또 야자형 앞뒤에 천자(天字)형과 호자(乎字)형의 지형을 갖추면 천하 명당이 된다. 천자문에서처럼 문장의 첫머리를 천(天)으로 시작하고 끝을 호(乎)로 맺는 경우가 많기 때문이다.

⌂ 전북 김제군 월촌면 장화리(全北 金堤郡 月村面 長華里) 정씨 집

월촌면은 야자형이며 이 집터는 그 중심부라 한다. 풍수의 말에 따라 화기(火氣)를 꺾기 위해 사랑 마당에 못을 파고 우물도 마련하였으며 안행당재를 세운 지 5년 만에 헐어내었다.

용자형(用字形)

용자에는 해(日)와 달(月)이 들어 있으므로 천지의 정기가 함께 뭉친 형상을 나타낸다.

⌂경북 안동시 이씨 집(臨淸閣)

이 집을 동쪽에서 보면 두 개의 동문(東門)과 네 귀가 반듯한 안뜰을 네 군데에 배치하여 용자를 만들었다. 이 밖에 삼정승을 낳으리라는 삼상산실(三相産室)과 장수하리라는 불사간(不死間), 도둑이 들지 않는다는 퇴도문(退盜門)까지 두었다. 특히 퇴도문에 대해서는 다음과 같은 이야기가 전한다.

용자형의 집 천지의 정기가 뭉친 용(用)자형 집에서는 위대한 인물이 태어난다고 한다. 경북 안동시 이씨 집. 1992년 촬영.

경북 안동 임청각의 용자형 평면도(오른쪽, 도면2)와 삼정승이 태어나리라 전하는 삼상산실(위)

"99칸으로 이루어진 이 집에서는 동과 서 양쪽에 문을 달았지만 남쪽에만은 문을 내지 않고 담을 쳐 두었다. 어느날 집을 유심히 살펴본 탁발중이 남쪽에 작은 문이라도 내면 도적을 막을 것이라 말하였다. 그렇지 않아도 도적을 걱정하던 이씨 집에서는 그 말에 따라 작은 문을 달았다. 기회를 노리고 있던 어떤 도적이 이것이 웬 떡인가 싶어 이 문으로 들어왔다. 그러나 그는 발을 들여놓자마자 눈앞이 캄캄해졌으며 우왕좌왕하다가 끝내 붙들리고 말았다. 그 뒤부터 도적들 사이에 이 문에 발을 들여놓으면 눈이 멀게 된다는 소문이 퍼졌다."

이 집 동북쪽에 있는 방은 삼정승이 태어날 것이라 일러 왔으며 방 이름도 영실(靈室)이라 불렀다. 상주군 낙동면의 류(柳)씨 집으로 시집을 갔던 딸이 해산을 위해 진성으로 돌아왔다. 그네는 어머니가 막았음에도 기어이 이 방에서 아이를 낳았는데 그가 바로 영의정이 된 유심춘(柳尋春)이라 한다(인명 사전에는 올라 있지 않다). 그런데 이상하게도 이 집의 며느리가 이 방에서 기거하며 임신을 해서 몸을 풀어도 정승감은 태어나지 않았다. 이에 대한 다음의 이야기가 있다.

이 방 앞의 영천(靈泉)은 이른바 응진수(應眞水)이다. 응진수는 지기(地氣)가 뭉쳐 있는 곳에서 솟아나는 물로서 용의 기세를 타고 뿜어나오므로 물을 마시면 부귀를 누린다. 따라서 이 집에서 태어나고 자란 여성이라야 물의 정기를 받아 위대한 인물을 낳을 수 있으므로 그것은 외손이라야 가능하다.

용자형은 '천지음양일월도합격지(天地陰陽日月都合格地)'라 하여 무덤 자리로서도 뛰어난 것으로 손꼽혀 왔으며 서울 교외의 동구릉(東九陵)도 이와 같은 지세를 갖추었다.

일자형(日字形)

일자형 터에서는 해처럼 세상을 밝힐 위대한 인물이 태어나리라 한다.

⌂ 경북 경주군 강동면 양동리(慶北 慶州郡 江東面 良洞里)
향단(香壇)

이 집은 이언적(李彦迪;1491~1553년)이 경상 감사로 있을 때 지은 것으로 공간을 날일(日)자로 배치하였다. 북쪽에서 바라보면 남북보다 동서가 긴 장방형 건물 한가운데에 남북으로 지붕이 들어앉아서 한눈에도 일자형임을 알 수 있다. 공간을 이렇게 배치한 것은 집의 운세가 태양처럼 뻗쳐 나가기를 바라서이다. 그러나 이 집의 평면 구성은 다만 풍수적인 의미를 지닐 뿐 주거 공간으로서의 기능은 전혀 고려되지 않았다. 평면 구성이 지나치게 복잡하고 통로가 좁으며 마당이라 할 만한 공간이 없어서 답답한 느낌을 주며 무엇보다도 채광이 잘 되지 않아 집안이 언제나 어둡다.

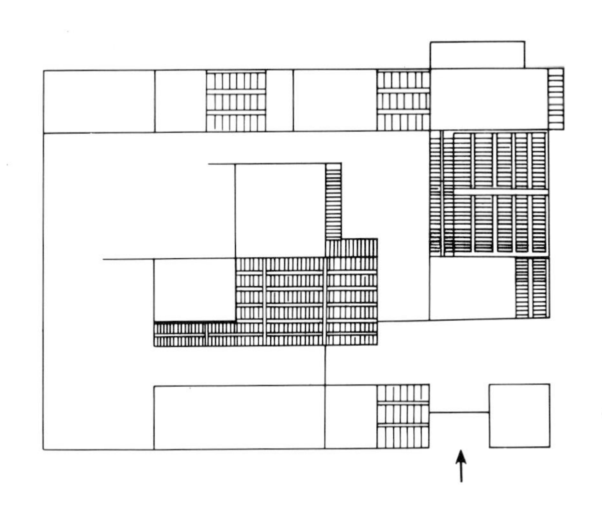

도면 3. 일자형. 경북 경주군 향단 평면도(위)
일자형의 집 경북 경주군 강동면 양동리 이씨 집.(아래)

물자형(勿字形)

경북 경주군 강동면 양동리(慶北 慶州郡 江東面 良洞里) 손씨 집

이 마을에 처음 들어온 손소(孫昭;1433~1484년)가 집터를 고를 때 풍수는 기름진 땅에서는 큰 인물이 나지 않는다면서 현재의 산비탈 자리를 잡아 주었다. 또 그는 마을 뒷산의 문장봉(文丈峰, 150여 미터)에서 흘러내린 산줄기가 물자형이고 그 혈맥이 바로 손씨 집터에 뭉쳐 있다면서 삼혈식 군자지처(三血食君子之處)인 이 집에서 세 사람의 위대한 인물이 태어날 것이라 하였다. 그의 말대로 손중돈(孫仲暾;1463~1529년)과 이언적(李彦迪;1495~1533년)이 출생하였다. 손중돈의 자는 대발(大發), 호는 우재(愚齋)로서 공조와 이조 판서 그리고 세자시강원 빈객(世子侍講院賓客)을 지낸 뒤 도승지를 세 번, 대사간을 네 번, 경상, 전라, 충청, 함경도의 관찰사를 거쳐 우참찬(右參贊)에 올랐다. 중종 때 청백리(淸白吏)에 뽑혔으며 경주의 동강서원과 상주의 속수서원(涑水書院)에서 제사를 받들고 있다.

이언적의 자는 복고(復古), 호는 회재(晦齋)로서 부제학, 이조, 예조, 형조의 판서를 거쳐 경상도 관찰사, 한성부 판윤이 되고 명종이 즉위하자 위사공신(衛社功臣) 3등에 올랐다. 그는 조선 전기의 성리학자로서 이황(李滉)의 사상에 큰 영향을 끼쳤으며 선조 때 영의정에 추증(追贈)되었다. 그런데 이언적은 앞의 손중돈의 누이동생의 아들이다. 이씨네 집으로 시집을 갔던 그네가 친가에 돌아와 낳은 것이다. 따라서 손씨 집에서는 세 인물 가운데 한 사람을 이씨네에 빼앗겼다는 생각을 가지게 되었다. 이 때문에 출가했던 딸이 몸을 풀기 위해 친정으로 오면 해산만은 반드시 마을의 다른 집에서 시키는 관습을 지키며 마지막 태어날 인물을 기다리고 있다.

물자형 터의 집 위는 경북 경주군 강동면 양동리 손씨 집으로 집의 오른쪽 끝에 보이는 방이 두 사람의 위대한 인물이 태어난 머릿방이고, 왼쪽은 그 방을 대청에서 바라본 모습이다.

품자형(品字形)

⌂ 충북 단양군 적성면 품달촌 하2리(忠北 丹陽郡 赤城面 品達村 下二里)

품달촌은 태백산과 소백산의 양맥이 자리한 양맥낙지(兩脈落地)의 터로 널리 알려진 마을이다. 풍수들은 이곳에서 위대한 인물 셋이 배출되리라는 예언을 하였으며 품달촌이라는 마을 이름도 이에서 비롯되었다. 과연 우탁과 유척기가 이 마을에서 태어나 세인의 관심을 끌기에 이르렀다.

우탁(禹倬;1263~1342년)의 자는 천장(天章), 탁보(卓甫)이고 호는 역동(易東)으로 성균관 제주(祭主)를 지냈으며 당시 원나라를 통하여 정주학(程朱學)에 관한 서적이 들어왔으나 이를 해득할 자가 없던 중, 그가 한 달 동안 연구한 끝에 알아내어 후진을 가르쳤으며 경사(經史)와 역학(易學)은 물론 복서(卜筮)에도 능통하였다. 단양의 단암서원(丹巖書院), 안동의 도동서원(道東書院), 영해의 단산서원(丹山書院), 예안의 역동서원(易東書院)에서 제사를 받든다.

유척기(兪拓基;1691~1767년)의 자는 전보(展甫), 호는 지수재(知守齋)로서 이조 참의, 대사간, 경상도 관찰사, 호조 판서를 거쳐 우의정에 올랐다. 뒤에 영중추부사(領中樞府事)와 봉조하(奉朝賀)가 되어 기로소(耆老所)에 들어갔으며 당대의 명필로 널리 알려졌다.

이 마을에서도 나머지 한 인물이 태어날 것을 기대하여 이곳 출신의 부인들은 반드시 친정으로 돌아와 해산을 하는 풍습까지 생겼다. 뿐만 아니라 부부가 함께 이 마을에 와서 아이를 가지려고 노력하며 아예 이사를 한 사람까지 있다. 마을 이름 가운데 품자는 바로 위대한 인물 세 사람이 태어나리라는 예언에서 비롯된 것이 아닌가 한다.

뒷글

풍수는 풍수 사상, 풍수지리, 풍수설, 풍수도참설 등 여러 가지로 불린다. '풍수 사상'은 이를 논리 정연한 학문적 체계로 이해하는 태도이고 '풍수지리'는 땅에 대한 이치 곧 인간 생존의 바탕이 되는 땅을 분석, 평가하는 과학으로 보는 견해라 할 것이다. 그러나 이 두 가지는 상반되는 것이 아니며 동전의 앞뒤처럼 어느 쪽에 비중을 두는가에 따라 생각이 갈릴 뿐이다. 또한 '풍수설'은 문화적 현상 내지 민간의 풍속으로 보는 견해이고 '풍수도참설'은 앞으로 다가올 길흉을 점치는 비과학적 술법으로 받아들이는 입장이다.

많은 사람들이 풍수를 부정적으로 보는 것은 조선조에 들어와 무덤 자리를 둘러싸고 일어났던 가지가지의 폐단 때문이다. 하루아침에 부귀영화를 누리려고 날뛰던 탐욕가들의 행태는 오늘날까지도 긴 그림자를 드리우고 있다. 그리고 지금도 많은 사람들은 좋은 무덤 자리를 찾는 데에 혈안이 되어 방방곡곡을 뒤지며 다닌다. 그들은 좋은 터를 얻으려면 오랫동안 좋은 일을 베풀거나 덕을 쌓아야 한다는 풍수의 가르침에 귀를 기울이지 않는다. 효자가 아니면 명당을 찾을 수 없고 만약 찾았더라도 오히려 해가 된다는 경고를 듣지 못한다. 또 오래 전부터 '좋은 땅의 주인은 따로 있다'고 일러왔음에도 제여곰 주인이 되어야 한다며 팔을 걷고 나선다. 가여운 일이 아닐 수 없다. 이들은 물에 뜬 연꽃터로 알려진 안동군 풍천면 하회동에 처음 자리를 잡은 이가 풍수의 권유에 따라 3년 동안 음덕을 쌓은 끝에 뜻을 이루었던 사실을 기억해야 한다.

보건사회부 통계에 따르면 1955년 당시 1,062명이던 전국의 풍수가들은 5년이 지난 1960년에 두 배(2,182명)로 늘어났으며 1970년에는 3,072명에 이르렀다. 현재는 1만 수천 명이 활동하는 것으로 보인다. 그리고 30명의 풍수가들을 대상으로 조사한 결과 이들 가운데 풍수 이론을 절대적으로 믿는 이는 62퍼센트뿐이고(이몽일 「한국풍수사상사」 1992, 명보문화사) 어이없게도 약 14퍼센트는 자신도 전혀 믿지 않는 것으로 나타났다. 따라서 나머지를 이 부류에 포함시키면 약 40퍼센트의 풍수가들이 자신도 믿지 않으면서 단지, 생활을 위해 남의 무덤 자리를 찾으려고 전국을 누비고 다니는 셈이다. 좋은 무덤 자리를 만나기만 하면 자신과 그의 자손들이 부귀영화를 누릴 것이라 믿는 사람들은 꼭 참고할 일이다.

풍수에서는 땅에 살아 있는 기운이 있어 움직인다고 가르친다. 땅은 죽은 것이 아니라 살아 숨쉰다는 이 견해는 진리이다. 땅이 살아 있기에 인간도 목숨을 이어간다. 실상 땅과 인간은 하나인 것이다. 땅이 죽으면 인간도 죽을 수밖에 없다. 오히려 인간의 목숨은 잠깐이지만 땅의 생명은 영원하다. 이러한 점에서 땅의 이치를 탐구하는 풍수는 과학이며 철학이다.

우리가 우리 땅의 이치를 깨닫는 데에는 우리 나름의 안목을 갖추어야 한다. 남의 이론으로 우리 땅을 이해하는 데에는 한계가 있다. 식품도 제땅에서 자란 것이라야 몸에 이롭다고 하지 않는가. 우리는 풍수를 통해서 우리 눈으로 우리 땅을 이해하는 슬기를 깨우쳐야 한다.

이 땅에서 우리 조상이 살아온 것처럼 우리 자손들도 이 땅에서 살아갈 것이다. 따라서 우리는 이 땅을 잘 보존해서 후대에게 물려줄 의무가 있다. 더 잘 살기 위해서라는 명분을 앞세워 산을 허물고 바다를 메우고 굴을 뚫고 나무를 베는 일들이 과연 옳은 일인가 깊이 생각해 볼 필요가 있다. 이러한 행위는 자칫하면 땅을 영원히 죽이는 결과를 낳게 된다. 어떤 명의도 죽은 사람을 되살릴 수 없듯이 땅도 한번 죽으면 다시 살아나지 않는다. 특히 국토 개발을 추진하는 정부 당국은 이 점을 명심해야 할 것이다. 땅이 살아 숨쉰다는 풍수의 이론은 영원한 진리이다.

참고 문헌

村山智順「**朝鮮の風水**」 조선총독부, 1931.

김광언 「**한국의 주거민속지**」 민음사, 1988.

문화재관리국 문화재연구소 **'한국민속종합조사보고서(제21책:도읍, 신앙, 생활 풍수편)'** 1990.

이몽일 「**한국풍수사상사**」 명보문화사, 1991.

최창조 「**땅의 논리, 인간의 논리**」 민음사, 1992.

김정호 「**천하명당 금환락지(金環落地)**」 향토문화진흥원, 1992.

빛깔있는 책들 101-26

풍수지리(집과 마을)

초판 1쇄 발행 | 1993년 3월 15일
초판 10쇄 발행 | 2007년 1월 20일
재판 1쇄 발행 | 2012년 5월 15일

글 · 사진 | 김광언

발 행 인 | 김남석
편 집 이 사 | 김정옥
편집디자인 | 임세희
전 무 | 정만성
영 업 부 장 | 이현석

발행처 | (주)대원사
주 소 | 135-231 서울시 강남구 개포로 140길8 201
전 화 | (02)757-6717~6719
팩시밀리 | (02)775-8043
등록번호 | 등록 제3-191호
홈페이지 | www.daewonsa.co.kr

값 8,500원

Daewonsa Publishing Co., Ltd.
Printed in Korea 1993

ISBN 978-89-369-0140-0
ISBN 978-89-369-0000-7 (세트)

잘못 만들어진 책은 바꾸어 드립니다.

빛깔있는 책들

민속(분류번호:101)

1 짚문화
2 유기
3 소반
4 민속놀이(개정판)
5 전통 매듭
6 전통 자수
7 복식
8 팔도 굿
9 제주 성읍 마을
10 조상 제례
11 한국의 배
12 한국의 춤
13 전통 부채
14 우리 옛 악기
15 솟대
16 전통 상례
17 농기구
18 옛 다리
19 장승과 벅수
106 옹기
111 풀문화
112 한국의 무속
120 탈춤
121 동신당
129 안동 하회 마을
140 풍수지리
149 탈
158 서낭당
159 전통 목가구
165 전통 문양
169 옛 안경과 안경집
187 종이 공예 문화
195 한국의 부엌
201 전통 옷감
209 한국의 화폐
210한국의 풍어제
270 한국의 벽사부적

고미술(분류번호:102)

20 한옥의 조형
21 꽃담
22 문방사우
23 고인쇄
24 수원 화성
25 한국의 정자
26 벼루
27 조선 기와
28 안압지
29 한국의 옛 조경
30 전각
31 분청사기
32 창덕궁
33 장석과 자물쇠
34 종묘와 사직
35 비원
36 옛책
37 고분
38 서양 고지도와 한국
39 단청
102 창경궁
103 한국의 누
104 조선 백자
107 한국의 궁궐
108 덕수궁
109 한국의 성곽
113 한국의 서원
116 토우
122 옛기와
125 고분 유물
136 석등
147 민화
152 북한산성
164 풍속화(하나)
167 궁중 유물(하나)
168 궁중 유물(둘)
176 전통 과학 건축
177 풍속화(둘)
198 옛 궁궐 그림
200 고려 청자
216 산신도
219 경복궁
222 서원 건축
225 한국의 암각화
226 우리 옛 도자기
227 옛 전돌
229 우리 옛 질그릇
232 소쇄원
235 한국의 향교
239 청동기 문화
243 한국의 황제
245 한국의 읍성
248 전통 장신구
250 전통 남자 장신구
258 별전
259 나전공예

불교 문화(분류번호:103)

40 불상
41 사원 건축
42 범종
43 석불
44 옛절터
45 경주 남산(하나)
46 경주 남산(둘)
47 석탑
48 사리구
49 요사채
50 불화
51 괘불
52 신장상
53 보살상
54 사경
55 불교 목공예
56 부도
57 불화 그리기
58 고승 진영
59 미륵불
101 마애불
110 통도사
117 영산재
119 지옥도
123 산사의 하루
124 반가사유상
127 불국사
132 금동불
135 만다라
145 해인사
150 송광사
154 범어사
155 대흥사
156 법주사
157 운주사
171 부석사
178 철불
180 불교 의식구
220 전탑
221 마곡사
230 갑사와 동학사
236 선암사
237 금산사
240 수덕사
241 화엄사
244 다비와 사리
249 선운사
255 한국의 가사
272 청평사

음식 일반(분류번호:201)

60 전통 음식
61 팔도 음식
62 떡과 과자
63 겨울 음식
64 봄가을 음식
65 여름 음식
66 명절 음식
166 궁중음식과 서울음식
207 통과 의례 음식
214 제주도 음식
215 김치
253 장醬
273 밑반찬

건강 식품(분류번호 : 202)

105민간 요법 181 전통 건강 음료

즐거운 생활(분류번호 : 203)

67 다도 68 서예 69 도예 70 동양란 가꾸기 71 분재
72 수석 73 칵테일 74 인테리어 디자인 75 낚시 76 봄가을 한복
77 겨울 한복 78 여름 한복 79 집 꾸미기 80 방과 부엌 꾸미기 81 거실 꾸미기
82 색지 공예 83 신비의 우주 84 실내 원예 85 오디오 114 관상학
115 수상학 134 애견 기르기 138 한국 춘란 가꾸기 139 사진 입문 172 현대 무용 감상법
179 오페라 감상법 192 연극 감상법 193 발레 감상법 205 쪽물들이기 211 뮤지컬 감상법
213 풍경 사진 입문 223 서양 고전음악 감상법 251 와인 254 전통주
269 커피 274 보석과 주얼리

건강 생활(분류번호 : 204)

86 요가 87 볼링 88 골프 89 생활 체조 90 5분 체조
91 기공 92 태극권 133 단전 호흡 162 택견 199 태권도
247 씨름

한국의 자연(분류번호 : 301)

93 집에서 기르는 야생화 94 약이 되는 야생초 95 약용 식물 96 한국의 동굴
97 한국의 텃새 98 한국의 철새 99 한강 100 한국의 곤충 118 고산 식물
126 한국의 호수 128 민물고기 137 야생 동물 141 북한산 142 지리산
143 한라산 144 설악산 151 한국의 토종개 153 강화도 173 속리산
174울릉도 175 소나무 182 독도 183 오대산 184 한국의 자생란
186 계룡산 188 쉽게 구할 수 있는 염료 식물 189 한국의 외래 · 귀화 식물
190 백두산 197 화석 202 월출산 203 해양 생물 206 한국의 버섯
208 한국의 약수 212 주왕산 217 홍도와 흑산도 218 한국의 갯벌 224 한국의 나비
233 동강 234 대나무 238 한국의 샘물 246 백두고원 256 거문도와 백도
257 거제도

미술 일반(분류번호 : 401)

130 한국화 감상법 131 서양화 감상법 146 문자도 148 추상화 감상법 160 중국화 감상법
161 행위 예술 감상법 163 민화 그리기 170 설치 미술 감상법 185 판화 감상법
191근대 수묵 채색화 감상법 194 옛 그림 감상법 196 근대 유화 감상법 204 무대 미술 감상법
228 서예 감상법 231 일본화 감상법 242 사군자 감상법 271 조각 감상법

역사(분류번호 : 501)

252 신문 260 부여 장정마을 261 연기 솔올마을 262 태안 개미목마을 263 아산 외암마을
264 보령 원산도 265 당진 합덕마을 266 금산 불이마을 267 논산 병사마을 268 홍성 독배마을
275 만화